文部科学省後援

2024
リニューアル
対応

英検® 2級 8日間で一気に合格！

総合
問題集

音声DL
付き

植田一三 編著
岩間琢磨／
上田敏子／
中坂あき子 著

はじめに

みなさんお元気ですか。Ichay Uedaです。英語の勉強はいかがですか。エンジョイしてらっしゃいますか。今回は**「英検2級突破対策本」**を書きました。英検は1963年にスタートして以来、60年以上の歳月の中で進化を遂げてきました。そして2018年より、TOEFL iBTやIELTSやケンブリッジ英検やTEAPと同様、**4技能全てを受験する「英検S-CBT」**が始まりました。そして、2024年に行われたリニューアルは、読解問題を減らし、ライティング問題を増すことで、よりバランスの取れた検定試験になりました。

私のスクールには昭和46年(1971年)からの英検の問題があり、英検1級対策指導を40年間行ってきましたが、1次・2次試験まで受ければ、英検ほど受験料が安く、無駄がなく引き締まったバランスの取れた試験はないと思っています。また、5級から4級、3級、準2級、2級、準1級、1級まで段階的に英語の運用力を測定できるので、目標設定がしやすく達成感を得られるやりがいのある検定試験と言えます。

語い問題は、5級の370語レベルから、最終的には1級の1万語水準以上の語い力まで段階的にUPするようになっています。そして読解問題は、レターからアカデミックな記事、時事的な内容の記事まで読めることを目指し、リスニングは、会話から案内やインタビューまで聞き取れるようになることを目指して作成されています。さらに、ライティングやスピーキングは、3級のショートコメントや日常的な出来事に関する描写や質問に答えることから、1級の時事問題に関するエッセイライティングやスピーチまで、限られた時間で論理的に意見をまとめることができるように作られています。

そういったわけで、**英検準2級から準1級までの資格は、国内の高校入試に活用**され、**2級から1級まではトップスクールの大学入試にどんどんと採用**されるようになりました。また、**英検2級から1級は海外の英語圏の400以上の高校や大学に留学する際の英語力の証明**として用いられるようになりました。

そんな時代のニーズに応えるべく、**最短距離で「英語力」と「試験合格力」をUP**するためにクリエイトされた**本書の特長**は次の5つです。

本書の5大特長

① **語い問題対策**は、**英検2級必須語いのみで合成された練習問題**と巻末の「**必須類語フレーズ120**」のカードによって、すき間時間を最大限に利用して語い力を一気にUP

② **基本動詞・句動詞・熟語問題対策**は、最大学習効果を上げるための「**共通グループ問題練習&記憶法**」によって、イディオム力を一気にUP

③ **英文法問題対策**は、過去問題の徹底分析に基づく「**問題練習と英検2級英文法最重要項目Top10マスター**」によって、英文法力を一気にUP

④ **読解問題、リスニング問題対策**は、**問題パターンの徹底分析に基づく**「**必勝攻略法**」を会得し、読解&リスニング問題スコアを一気にUP

⑤ **ライティング問題、2次試験対策**は、「**必勝ライティングフォーマット**」を会得し、「**英文法・語法ミスTop10**」を認識し、「**英語の発想で論理的に発信できるようになるためのトレーニング**」を行うことによって、ライティング&スピーキングのスコアを一気にUP

このような5つの特長を持った「スーパー英検2級必勝対策本」をマスターし、一気に英検2級に合格するだけでなく、合格後も準1級、1級とステップUPされることを祈っています。

最後に、本書の制作にあたり、惜しみない努力をしてくれたアスパイアスタッフの岩間琢磨氏（第3章・第4章担当）、中坂あき子氏（第5章・第6章担当・第4章校正）、大西静氏（第2章担当）、川本美和（第5章担当）、上田敏子氏（第1章・巻末付録・全体企画・校正担当）、田岡千明氏（第3章校正）、および明日香出版社のみなさんには、心からの感謝の意を表したいと思います。そして何よりも、我々の努力の結晶である著書を愛読して下さる読者の皆さんには心からお礼申し上げます。

それでは皆さん、明日に向かって英悟の道を—

Let's enjoy the process!（陽は必ず昇る）Good luck!

植田一三（Ichay Ueda）

CONTENTS

CONTENTS

音声ダウンロードについて

□収録内容　一次試験　リスニング問題

・実際の試験と同じスピードで収録　→本番の感覚がつかめる！
・解答時間を1割短く設定　→より集中して短時間で解く練習に！
・収録されている英文は、本文中にも掲載　→
　聞き取れない箇所を確認できる！

※収録箇所は「track1」「track2」のように表記してあります。

本書の音声は、下記で聞くことができます。

1.【ASUKALA】アプリを携帯端末にダウンロード

下記にアクセスして日香出版社音声再生アプリ【ASUKALA】をインストールすると、ダウンロードした音声がいつでもすぐに再生でき、音声の速度を変えられるなど学習しやすいのでおすすめです。

（無料です。個人情報の入力は必要ありません）

2. 音声データをダウンロード

ASUKALA アプリから、『英検1級　8日間で一気に合格』音声データ（mp3 形式）をダウンロードして聞いてください。

ダウンロードパスワードは、下記のとおりです。

【 2 3 2 8 8 】

ASUKALA アプリのご利用を推奨しておりますが、お持ちのパソコンや携帯端末の音楽アプリでダウンロードしたデータを聞くこともできます。パソコンや携帯端末のブラウザから、前ページの QR コードから弊社サイトにアクセスしてください。「一括ダウンロード」で圧縮ファイルを入手できます。音声ファイルは、一括した圧縮ファイルをダウンロードした後に解凍してお使いください。
音声の再生には、mp3 ファイルを再生できる機器などが必要です。ご使用の機器、音声再生ソフトなどに関する技術的なご質問は、ハードメーカーもしくはソフトメーカーにお願いします。

動画サポートについて

著者・植田先生のプレゼント動画を無料視聴できます。
各章はじめの QR コードから、リンク先に移動してご視聴ください。

※音声ダウンロードサービス、動画サポートサービスは予告なく終了することがあります。

0日目

英検について知ろう

英検®は、公益財団法人 日本英語検定協会の登録商標です。
このコンテンツは、公益財団法人 日本英語検定協会の承認や推奨、その他の検討を受けたものではありません。

英検について知ろう！

新しくなった英検

2024 年にリニューアルされた英検 2 級は、問題量が下の表のように変わりました。これによって、読解問題攻略という意味での負荷は減りましたが、ライティングの負荷が高まり、より「発信型」の試験になりました。

リーディングには、短文の語句空所補充（17 問）、長文の語句空所補充（6 問）、長文の内容一致選択（8 問）の 3 タイプの設問があります。

ライティングは指定されたトピックについての英作文を書く問題と、英文を要約する問題があります。内容・構成・語い・文法の 4 項目で採点されます。

リスニングは会話の内容一致選択（15 問）、文の内容一致選択（15 問）の 2 タイプからなります。

	技能		出題方式	出題数
筆記 85分	リーディング	大問 1	短文の語句空所補充	17 問
		大問 2	長文の語句空所補充	6 問
		大問 3	長文の内容一致選択	8 問
	ライティング	大問 1	意見論述問題	1 問
		大問 2	要約問題	1 問
リスニング 25 分		第 1 部	会話の内容一致選択	15 問
		第 2 部	文の内容一致選択	15 問
スピーキング 7 分			音読	1 問
			パッセージについての質問	1 問
			イラストについての質問	1 問
			カードのトピックに関連した受験者自身の意見	1 問
			日常生活の事柄への受験者自身の意見	1 問

英検 S-CBTとは?

英検 S-CBT (Computer Based Testing) はコンピューター上で受験するテストで実施級は準1級、2級、準2級、3級となっています。日本全国の会場で**毎週土曜日と日曜日に実施**されています。

毎週実施といっても**受験できるのは年3回まで**となっており、例えば8月、9月、10月、11月の試験は同一回の試験であるため、このうちのどこか1回でしか受験できません。ただし、年3回ある従来型の英検と合わせると、年6回、英検の受験が可能となるわけで、新方式の導入により受験のチャンスが倍増したと言えるでしょう。

2級ではスピーキング15分、リーディング・ライティング85分、リスニング25分の順に行われます。(従来型と順番が違うので注意)

コンピューター上で受験すると聞くと、不安に思う人もいるかもしれませんが、これまでの英検と問題構成・レベルは全く同じで、合格すると従来型の英検と同じように英語力の証明になります。**1日で4技能全て受験**しますが、**判定では従来型と同じく、まずはリーディング、リスニング、ライティングの3技能の合計CSEスコアに基づいて一次試験の合否が判定**されます。

一次試験合格者のみ、スピーキングのCSEスコアに基づいて二次試験の合否が判定され、一次試験と二次試験をどちらも合格した方が級認定(合格)となります。英検CBTではすべての受験者が1日で4技能を受験するため、**合否に関わらず4技能全てのCSEスコアを取得する**ことができます。(CSEスコアについては後述)

英検２級に求められる英語力とは！？

英検２級合格に最も重要なスキルは大きく次の5つに分かれます。

1. 論理的英語発信力
2. ナチュラルスピードに近いリスニング・リーディングの能力
3. 4000 語水準語い力
4. 必須基本動詞・句動詞の知識
5. 英文法の基礎力

1の論理的ライティング力・スピーキング力は、エッセイを書いたり、２次試験に合格するのに不可欠なスキルで、新傾向の英検２級では特に重要です。**2のリスニング・リーディングのスキル**は、英検２級のリスニングテストでは、テキストがナチュラルスピードに近い速さで１回しか読まれないので重要であり、読解問題では制限時間が短いので非常に重要です。**3の語い力**は、3000 語水準の語い力でもぎりぎり合格はできますが、語い以外の問題が苦手な人や、余裕を持って合格したい人は、一般大学入試レベルの「4000 語水準語い力」が必要です。**4**に関しては、英検２級のセクション１の語法問題で頻出の最低必要な**「基本動詞・句動詞」の知識**を身に着けておくことが重要です。**5の英文法力**は、語法文法問題のスコア UP だけでなく、エッセイを書いたり、英文を読解したり聞き取ったりするうえでも重要です。

大学入試と英検

英検２級は、大学受験で約 200 程度の大学において英語試験免除か英語試験への加点の条件として用いられており、かなり優遇されています。

英検２級で得られる優遇内容は大学、学部によりさまざまです。詳細は各大学の入試要項、公式ホームページをご確認ください。

海外留学と英検

英検2級は海外留学する際の語学力証明資格として使うことができます。現在、アメリカ・カナダなどの約400大学・カレッジ、オーストラリアでは5州の州立高校全校が留学時の語学力証明として英検を認定しています。具体的な英検認定校は英検のウェブサイトで確認することができます。

英検を留学に活用する場合、有効期限は合格証明書発行日から2年間となっています。求められる級は各校により定められており、2級Aという資格が必要なところもあります。2級Aとは一次試験の正答率が75%程度以上であった場合に得ることができます。(受験回次によって、必要な正答数は若干上下します。）2級合格後、自分が2級Aなのかどうかは、英検留学情報センターで調べてもらうことができます。英検のウェブサイト内に「海外留学の準備」のページがあり、詳細を確認することができます。

高校入試と英検

高校入試でも英検は活用されています。例えば、大阪府立高校では学力検査「英語」において、外部機関が認証した英語力判定テストのスコア等を活用しています。英検もその資格のひとつとして認定されており、府教育委員会が定めた英検の読み替え率は次の通りです。

この読み替え率により換算した点数と英語の学力検査の点数を比較し、高い方の点数が受験者の成績となります。

大阪府立高校入学者　選抜教科「英語」

英検	読みかえ得点率
準1級 / 1級	100%
2級	80%

英検 CSE スコアでの合否判定方法

2016 年度第一回実用英語技能検定から、各級の合格基準スコアとして、入試に活用できる英検 CSE スコアが導入されており、各技能にスコアを均等に配分しています。各級の合格基準スコアは固定されており、違う回に同じ級を受験した結果や、同じ回に別々の級を受験した結果も、明確な数値で比較できるようになっています。

1 問あたりのスコアへの影響は技能毎に異なります。**リーディング、ライティング、リスニングの合格基準スコアは合わせて 1520** となっていますが、合格のためには各技能でバランスよく得点する必要があります。公表はされていませんが、合格者の多くが各技能 6 割程度、正答しています。同じ技能の問題であれば、どの問題で正解してもスコアへの影響は同じです。

英検 2 級の合格基準スコアは次の通りです。

技能	満点スコア	合格基準スコア
リーディング	650	1520
ライティング	650	
リスニング	650	
スピーキング	650	460

英検と CEFR

CEFR は Common European Framework of Reference for Languages（ヨーロッパ言語共通参照枠）のことで、2001 年に公開された欧州評議会（Council of Europe）による枠組みです。

CEFR の目的のひとつが「異なった学習環境で得た資格を比較することを可能にすること」であり、A1・A2 の初級、B1・B2 の中級、C1・C2 の上級と 6 段階にレベル設定されています。

英検と CEFR の対応表は次のようになっています。

CEFR		英検
C2	熟練した言語使用者	--
C1		1 級
B2	自立した言語使用者	準 1 級
B1		2 級
A2	基礎段階の言語使用者	準 2 級
A1		3 級 /4 級 /5 級

英検の日程

従来型の英検は、現在、次の月に実施されています。

	一次試験	二次試験	
		A 日程	B 日程
第 1 回	5 ～ 6 月	7 月	
第 2 回	10 ～ 11 月	11 月	
第 3 回	1 ～ 2 月	2 月	3 月

＊英検 CBT については「英検 CBT とは?」の項をご確認ください。

1日目

語い＆英文法

①語い

↓動画視聴はこちら

語い問題一気にスコア UP!
短期集中トレーニング

英検2級のセクション1の短文の語句空所補充問題は全部で20問あり、そのうち語い問題が**10問（動詞4問、名詞4問、形容詞1問、副詞1問）**、**基本動詞、句動詞、熟語に関する問題が7問**、**文法問題が3問**となっています。

最初の語い問題は最高レベルでもほとんどが高校で習う必須語いの**4000語**水準で、5000語水準以上のものはめったに登場しません。

しかし、**3級に合格するのに1000語水準、準2級が2000語から2500語水準**とすると、**2級の4000語から4500語水準**というのはかなりきつく、3級と準2級とのレベル差に比べて、準2級と2級とのレベル差がかなり大きいことを物語っています。

そこで、過去の英検2級の語い問題を見てみると、準2級レベルの2500語水準の語い問題と2級の4000語水準の比率が（年度によって異なりますが）、だいたい**半々ぐらい**になっているので、きっちり4000語水準以上の語いレベルの人でなくても、「3000語水準」ぐらいの人でも問題が解けたりするわけです。ただ、**describe**が**description**になるなど**「派生語」**でレベルが高くなったりするので、元の単語だけでなく、派生語も覚えて類推できるようにしておきましょう。

語い問題対策として、過去問題集を数年分解く人が多いようですが、10年以上分の過去問をやったとしても、正解になった語いが再度出題される比率は2～3割ぐらいしかありません。しかし、**正解以外の選択肢からは将来出題される可能性が高い**ので、**正解だけでなく他の選択肢も同時に覚える努力が必要**です。

過去10年以上で選択肢として3回以上使われた語をまとめると、次のようになります。

5回以上は、比較的基本的な語が多いですが、派生語も重要なので、覚えるのであれば、例えば**oppose, opposite, opposition, opponent**といった具合に、まとめておぼえておきましょう。(太字は特に重要な語です)

5回以上選択肢に使われた語

achieve/achievement, **admit/admission**, **contribute**/contribution, emphasis/emphasize, **extend/extensive/extent**, frequently, **ignore/ignorant**, illustrate, oppose/opposite/opposition, postpone, **qualification/qualify**, **recognize/recognition**, solve/solution

4回以上になってくると、**suspicion/suspicious, dedicate/ dedication**のような比較的高度な語と、その派生が重要となってきます。

4回以上選択肢に使われた語

argue/argument, **compare/comparison**, conclude/conclusion, confidence, convince/convincing, **criticize/criticism/critical**, **curious/curiosity**, **dedicate**/dedication, describe/**description**, estimate, forecast, income, interpret, **persuade/persuasion**, **preserve/preservation**, previous, **publish/publication**, replace/replacement, represent/representation, restore/restoration, **suspicion/suspicious**, treat/treatment

さらに3回以上になってくると、**accurate**, **anxiety**, **collapse**, **nutrition**, **precisely** のような高度な大学入試語いが出てきます。

3回以上選択肢に使われた語

accurate/accuracy, advance/advancement, **anxious/anxiety**, artificial, benefit, **budget**, calculate, candidate, **collapse**, compose, conscious, consume/consumption, content, **cruel/cruelty**, **define/definition**, eager, generate, **guarantee**, indicate/indication, opponent, typical, intention, **interrupt/interruption**, justice/justify, **nutrition/nutritious**, object/objection, permanent, permission/permit, **precisely**, predict/prediction, profit, resemble, refine, reveal, spoil, **substitute**, **temporary/temporarily**, vague

いかがでしたか。これらが英検2級の語い問題で狙われるボキャブラリーです。そして、これらは読解問題やリスニング問題を解くときにも重要になってくる語が多いので、ぜひしっかりとボキャビルに励んでください。

それでは、今から「驚異の語い力UPトレーニング」に参りましょう。

このトレーニングの特徴は、まず、2級の語い問題と違って「消去法」で解けないようにすべての**選択肢を同じレベルの必須語い**にしています。次に、「類語」と「反意語」アプローチで「最短距離記憶増強」をはかっています。これによって、ボキャビル効果を最大に高めることができるでしょう。

それでは大特訓スタート！

ボキャブラリーパワー UP 大特訓！：動詞①

(1) The bridge ( ) under heavy rain, crushing many cars.
1. conducted 2. constructed 3. collapsed 4. consumed

(2) I asked Andy to ( ) the value of my property.
1. estimate 2. apply 3. confuse 4. remove

(3) Mary ( ) to be praised because she always helps others.
1. detects 2. determines 3. devotes 4. deserves

(4) The principal decided to ( ) the meeting until next Sunday.
1. suspect 2. postpone 3. compete 4. recall

(5) Peter tends to ( ) his stories on purpose.
1. require 2. threaten 3. obtain 4. exaggerate

(6) The carpet in my room ( ) the sound of footsteps well.
1. absorbs 2. blames 3. interrupts 4. rescues

(7) Keeping regular hours ( ) to good health.
1. defeats 2. transforms 3. accomplishes 4. contributes

(8) My parents ( ) a basement into my bedroom.
1. converted 2. pretended 3. shrank 4. ruined

(9) Is there any way to ( ) food without a fridge?
1. indicate 2. compose 3. preserve 4. explode

(10) A: Have you finished the math homework?
B: No, not yet. I'm ( ) right now. It's too difficult!
1. opposing 2. punishing 3. struggling 4. assuming

(1) **答え** **3.** 豪雨で橋が**崩壊し**、多くの車が潰された。
1. 実施した　2. 建設した　3. 崩壊した　4. 消費した

(2) **答え** **1.** 私は Andy に私の不動産の価値を**評価する**よう頼んだ。
1. 見積もる　2. 適用する　3. 困惑させる　4. 取り去る

(3) **答え** **4.** Mary はいつも他人を助けており、称賛に**値する**。
1. 発見する　2. 決定する　3. 専念する　4. 値する

(4) **答え** **2.** 校長は会議を来週の日曜日まで**延期する**ことを決定した。
1. 怪しむ　2. 延期する　3. 競争する　4. 思い出す

(5) **答え** **4.** Peter は話をわざと**誇張する**傾向がある。
1. 必要とする　2. 脅迫する　3. 獲得する　4. 誇張する

(6) **答え** **1.** リビングの厚いカーペットは足音をよく**吸収する**。
1. 吸収する　2. 非難する　3. 妨げる　4. 救助する

(7) **答え** **4.** 規則正しい生活は健康の**一助となる**。
1. 打ち破る　2. 変形させる　3. 成し遂げる　4. 一助となる

(8) **答え** **1.** 両親は地下室を私の寝室に**改造した**。
1. 改造した　2. 振りをした　3. 縮んだ　4. 破壊した

(9) **答え** **3.** 冷蔵庫なしで食べ物を**保存する**方法はありますか?
1. 指す、示す　2. 構成する　3. 保存する　4. 爆発する

(10) **答え** **3.** A: 数学の宿題は終わった?
B: まだだよ。いま**奮闘している**ところだ。難しすぎるよ!
1. 反抗している　2. 罰している　3. 奮闘している　4. 推定している

最重要類語グループ 120 英検 2 級必須語いを一気にマスター！：動詞編①

最大効果的な語い力 UP の方法として、「**類語グループボキャビル**」というのがあります。これは頭の中に類語のネットワークを作り、一気にボキャブラリーパワーを UP するもので、**運用語い**（スピーキングやライティングで使える語い）がミルミル増えていきます。それでは、次の語いグループを、音読しながらマスターしましょう！（☆は特に重要なもの）

1.「感情」を表す必須動詞をマスター！

□ be (**impressed, moved, touched**) by her courage 彼女の勇気に**感動する**

☆ be (**surprised, amazed, astonished**) by his action 彼の行為に**驚く**

□ be (**annoyed, irritated, offended**) by the delay 遅れに**いら立つ**

2.「意見・発言」を表す必須動詞をマスター！

☆ (**assume, suppose, suspect**) that it is true それは本当だ**と思う**

□ (**agree with, support, approve**) the policy 政策**に賛成する**

☆ (**assert, maintain, mention, state, argue, claim, insist, declare**) that it is important それは重要である**と主張する**

□ (**be opposed to, object to, disagree with**) the proposal 提案**に反対する**

☆ (**refuse, reject, turn down**) the proposal 提案**を拒否する**

□ (**predict, forecast, anticipate**) the future 将来**を予測する**

☆ (**admit, recognize, acknowledge**) my mistake ミス**を認める**

□ (**express, convey, communicate**) my feelings 気持ち**を言い伝える**

□ (**respond, react, reply**) to the question 質問**に答える**

☆ (**recommend, suggest, propose**) that he participate in the game 彼が試合に参加するように**提案する**

3.「増減」を表す必須動詞をマスター！

□	(**increase, expand, extend, enlarge**) my knowledge	知識**を増やす**
☆	(**decrease, reduce, relieve, lower**) the burden	負担**を減らす**
□	(**control, limit, restrict, restrain**) the movement	動き**を抑制する**
□	(**postpone, delay, put off**) the trip	旅行**を延期する**
☆	(**encourage, promote, enhance**) the development	発展**を助長する**
□	(**exceed, transcend, surpass**) the capacity	容量**を超える**
☆	(**gain, acquire, obtain**) knowledge	知識**を得る**
□	(**abolish, cancel, do away with**) the system	その制度**を廃止する**
☆	(**ban, prohibit**) smoking in public places	公共の場所での喫煙**を禁止する**

4.「打撃・損害」を表す必須動詞をマスター！

☆	(**damage, harm, spoil, injure**) the relationship	関係**を損なう**
□	(**destroy, ruin, eliminate**) the town	街**を滅ぼす**
□	(**deprive, rob**) them of job opportunities	彼らから仕事の機会**を奪う**
☆	(**pollute, corrupt**) the air	空気**を汚染する**
☆	(**prevent, disturb, block, interrupt**) the plan	計画**を阻む**
□	(**insult, offend, give offence to, be rude to**) the woman	女性に失礼なことを言って気分**を害する**
□	(**defeat, conquer, overcome, beat**) the enemy	敵**を打ち負かす**
☆	be (**blamed for, accused of, charged with**) the crime	犯罪の罪**に問われる**

いかがですか。フレーズを音読して、一気に語い力を UP しましょう！

ボキャブラリーパワー UP 大特訓！：動詞②

(1) Meg always (　　　　) me with stupid questions

1. abandons　2. analyzes　3. admires　4. annoys

(2) We should (　　　　) all the risks involved in the process.

1. endanger　2. guarantee　3. eliminate　4. extend

(3) The artist (　　　　) his entire life to creating this masterpiece.

1. abused　2. dismissed　3. resigned　4. dedicated

(4) Jim was punished for (　　　　) the speed limit.

1. enrolling　2. exceeding　3. deriving　4. polluting

(5) This new law should be (　　　　) immediately.

1. occupied　2. adored　3. enforced　4. conquered

(6) The police are (　　　　) the cause of the accident.

1. distributing　2. investigating　3. thrilling　4. tempting

(7) Dave (　　　　) me quite strongly with no good reason.

1. perceived　2. resolved　3. reflected　4. insulted

(8) You are (　　　　) from using cell phones in the classroom.

1. vanished　2. utilized　3. prohibited　4. modified

(9) This plan will be (　　　　) at least every five years.

1. revised　2. fascinated　3. accused　4. emphasized

(10) A: This is delicious! What is the secret ingredient?

B: It's maple syrup. I (　　　　) it for sugar.

1. substituted　2. suppressed　3. soaked　4. suspended

(1) 答え **4.** Meg はいつもバカな質問で私を**いらいらさせる**。

1. 見捨てる　2. 分析する　3. 称賛する　4. いらいらさせる

(2) 答え **3.** 私たちはその過程に含まれる全てのリスクを**排除する**べきだ。

1. 危険にさらす　2. 保証する　3. 排除する　4. 延長する

(3) 答え **4.** その芸術家はこの傑作の制作に生涯を**捧げた**。

1. 濫用した　2. 解散させた　3. 辞職した　4. 捧げた

(4) 答え **2.** Jim は制限スピードを**超えている**ことで罰せられた。

1. 登録している　2. 超えている　3. 引き出している　4. 汚染している

(5) 答え **3.** この新しい法律はすぐに**施行される**べきだ。

1. 占められる　2. あがめられる　3. 施行される　4. 征服される

(6) 答え **2.** 警察はその事故の原因を**調査している**。

1. 分配している　2. 調査している　3. 感動している　4. 誘惑している

(7) 答え **4.** Dave は正当な理由なく私を強く**侮辱した**。

1. 気づいた　2. 決心した　3. 反射した　4. 侮辱した

(8) 答え **3.** 教室で携帯電話を使うことは**禁じられて**います。

1. 消されて　2. 利用されて　3. 禁じられて　4. 修正されて

(9) 答え **1.** この計画は少なくとも 5 年ごとに**改訂される**。

1. 改訂される　2. 魅惑させられる　3. 告発される　4. 強調される

(10) 答え **1.** A: これ美味しいですね！ 隠し味は何ですか?

B: メープルシロップです。砂糖の**代わりにした**んですよ。

1. 代わりにした　2. 抑圧した　3. 浸った　4. 吊り下げた

最重要類語グループ 120
英検 2 級必須語いを一気にマスター！：動詞編②

5.「誘発・開始」を表す必須句動詞をマスター！

☆ (**produce, generate, manufacture, invent**) a product　商品**を生み出す**

□ (**discharge, release, give off**) gas　ガス**を放出する**

☆ (**found, establish, set up**) a company　会社**を設立する**

□ (**launch, start, commence**) a campaign　キャンペーン**を始める**

6.「努力・追求・達成」を表す必須動詞をマスター！

☆ (**devote, dedicate, commit**) oneself to my work　仕事**に献身する**

□ (**achieve, accomplish, fulfill, realize**) my goal　目標**を達成する**

☆ (**make an effort, endeavor, strive, struggle**) to achieve my goal　目標を達成しよう**と頑張る**

☆ (**overcome, get over, recover from**) the shock　ショック**を乗り越える**

□ (**persuade, convince**) him to help me　助けてくれるように彼を**説得する**

☆ (**obey, observe, stick to, adhere to, cling to**) the law　法律**を守る**

□ (**submit, turn in, hand in**) a report　レポート**を提出する**

7.「変化・改善」を表す必須動詞をマスター！

□ (**improve, develop, promote, enhance**) the relationship　関係**をよくする**

☆ (**revise, modify, alter**) the law　法律**を改正する**

☆ (**protect, preserve, conserve, defend**) nature　自然**を守る**

□ (**repair, mend, fix**) the car　車**を修理する**

☆ (**heal, treat, cure**) the wound　傷**を治療する**

□ (**adjust, adapt**) to the new environment　新しい環境**に順応する**

□ (**manage, handle, deal with**) the problem　問題**に取り組む**

8.「調査・証明・決定」を表す必須動詞をマスター！

☆ (**investigate, examine, inspect, survey, explore**) the crime scene 犯罪現場**を調査する**

□ (**indicate, reveal, suggest, demonstrate, illustrate, prove**) the point ポイント**を示す［証明する］**

□ (**set, fix, determine, decide(on)**) the date 日取り**を決める**

□ (**expose, reveal, disclose**) the crime 犯罪**を暴露する**

☆ (**see, notice, perceive, detect, recognize, identify**) the difference 違い**に気づく**

☆ (**evaluate, estimate**) the cost 費用**を見積もる**

9.「状態・特徴」を表す必須動詞をマスター！

☆ (**contain, include, involve**) the damage 損傷**を含む**

☆ (**be similar to, resemble**) my friend 私の友達**に似ている**

□ (**be located[situated], exist**) in urban areas 都会**にある**

□ (**dominate, rule, govern**) the world 世界**を支配する**

□ (**have, possess, be born[gifted] with**) a sense of humor ユーモアのセンス**がある**

10. その他の必須動詞をマスター！

□ (**quit, retire from, resign from**) my job 仕事**をやめる**

☆ (**provide, supply, offer**) food for them 彼らに食料**を提供する**

☆ (**demand, require, claim, request**) the money お金**を要求する**

□ (**Forgive, Pardon, Excuse**) my manners. 失礼**を許し**てください。

☆ (**reserve, book, arrange for**) a table テーブル**を予約する**

□ (**utilize, employ**) advanced technologies 先端技術**を用いる**

□ (**concentrate, focus**) on my work 仕事**に集中する**

さて、類語グループでのボキャブラリーパワーUPの次は、さらに記憶補強のために反意語で語いを復習しておきます。頭の中で、類語や反意語の知識のネットワークができるようにしましょう。

反意語でボキャブラリーパワー UP！：動詞編

英検２級　基本語いの反意語をマスター！

accept（受諾する）⇔ **refuse, decline**（断る）

acknowledge, admit（認める）⇔ **deny**（否認する）※「肯定する」は **affirm**

attach（結び付ける）⇔ **detach**（取りはずす）

blame（責める）⇔ **praise**（褒める）

employ（雇う）⇔ **fire, dismiss, discharge**（解雇する）

encourage（勇気づける）⇔ **discourage**（落胆させる）

include（含める）⇔ **exclude**（除く）

lift, raise（ものを上げる）⇔ **lower**（下ろす）

respect（尊敬する）⇔ **despise**（軽蔑する）

reveal（明らかにする）⇔ **conceal**（秘密にする）

shorten（短くする）⇔ **lengthen**（長くする）

strengthen（強める）⇔ **weaken**（弱める）

tighten（きつく締める）⇔ **loosen**（緩める）

understand（理解する）⇔ **misunderstand**（誤解する）

いかがでしたか？ これで、ボキャビルの「動詞」大特訓は終了です。

類語アプローチは句動詞や前置詞とセットで覚えるので、単に意味が分かるだけでなく、ライティングやスピーキングでも使えるようになるので、効果的です。何度も音読して一気にマスターしてくださいね！

また、最重要語いだけで構成された選択肢ですから、正解／不正解を気にするのではなく、すべてマスターするように。

それでは、次は「形容詞」の大特訓に参りましょう。

「類語アプローチ」は語い力を飛躍的に伸ばすのに欠かせないアプローチ。類語をマスターして、一気に語い力をアップしましょう！

ボキャブラリーパワー UP 大特訓！：形容詞①

(1) There was a (　　　　) room next to mine.
1. valuable　2. political　3. complicated　4. vacant

(2) Lack of sleep is a (　　　　) threat to health.
1. potential　2. chemical　3. civil　4. financial

(3) If you receive any (　　　　) email, do not open it.
1. ordinary　2. punctual　3. suspicious　4. guilty

(4) People in this area know how to deal with (　　　　) cold.
1. ambitious　2. artificial　3. mature　4. extreme

(5) It is (　　　　) of you to ignore your mother.
1. faithful　2. capable　3. cruel　4. prime

(6) We turned down the offer because it was not (　　　　) for us.
1. previous　2. exhausted　3. impolite　4. beneficial

(7) Women were regarded as (　　　　) to men in the 19th century.
1. inferior　2. legal　3. curious　4. practical

(8) You cannot be too (　　　　) when driving in rain.
1. lean　2. typical　3. fluent　4. cautious

(9) Twenty-four hours after the surgery, John became (　　　　).
1. precious　2. vague　3. conscious　4. subtle

(10) A: "How much sugar do I have to add to this cream?"
B: "Two spoons. The amount should be (　　　　)."
1. precise　2. overall　3. alert　4. dense

解答と解説

(1) 答え 4. 隣に**空室があった**。

1. 価値のある　2. 政治的な　3. 複雑な　4. 空いている

(2) 答え 1. 睡眠不足は健康に対する**潜在的な**脅威だ。

1. 潜在的な　2. 化学の　3. 市民の　4. 財政上の

(3) 答え 3. もし**疑わしい**メールを受け取ったら開封してはいけません。

1. 普通の　2. 時間を守る　3. 疑わしい　4. 有罪の

(4) 答え 4. この地域の人は**極度の**寒さに対処する方法を知っている。

1. 野心のある　2. 人工の　3. 成熟した　4. 極度の

(5) 答え 3. 母親を無視するなんて、**残酷な**人ですね。

1. 忠実な　2. 有能な　3. 残酷な　4. 主要な

(6) 答え 4. その申し出は私たちには**有益な**ものではなかったので断った。

1. 以前の　2. 疲れ切った　3. 無作法な　4. 有益な

(7) 答え 1. 19 世紀には女性は男性より**地位が低い**とみなされていた。

1. (地位などが) 低い　2. 法律の　3. 好奇心の強い　4. 実際的な

(8) 答え 4. 雨の中運転するときはいくら慎重でも**慎重**すぎることはない。

1. やせた　2. 典型的な　3. 流ちょうな　4. 慎重な

(9) 答え 3. 手術の 24 時間後、John は**意識を取り戻した**。

1. 貴重な　2. 漠然とした　3. 意識のある　4. 微細な

(10) 答え 1. A: どれくらい砂糖をこのクリームに加える必要がある?
B: スプーン 2 杯だよ。できる限り**正確な**量にしたほうがいいよ。

1. 正確な　2. 全部の　3. 油断のない　4. 濃い

最重要類語グループ 120
英検 2 級必須語いを一気にマスター！：形容詞編①

1.「感情」を表す必須形容詞をマスター！

- □ be (**delighted, excited, thrilled**) with the news　知らせに**ワクワクする**
- ☆ (**entertaining, exciting, amusing, thrilling**) story　**おもしろい**話
- □ (**depressed, disappointed, discouraged, sorrowful, miserable**) expression　**落ち込んだ [哀れな]** 表情
- □ be (**upset, furious, angry**) about the unfair treatment　不当な扱いに**怒る**
- ☆ (**suspicious, doubtful**) look　**疑いの**目つき
- □ be (**anxious, nervous, worried, concerned**) about the future　将来のことを**心配する**

2.「人の特徴」を表す必須形容詞をマスター！

- □ (**enthusiastic, passionate, eager, earnest, diligent**) student　**熱心な**生徒
- □ (**brave, bold, courageous, fearless**) fighter　**勇敢な**戦士
- □ (**slender, slim, thin**) body　**細い**体
- □ (**careful, cautious, alert**) driver　**注意深い**運転手
- ☆ (**efficient, competent, capable, able**) worker　**有能な**社員
- □ (**faithful, loyal, devoted, dedicated, committed**) followers　**忠実な**信奉者
- ☆ (**generous, considerate, affectionate, thoughtful, sympathetic**) supporter　**思いやりのある**支持者

3.「程度」を表す必須形容詞をマスター！

- ☆ (**proper, adequate, appropriate**) amount　**適**量
- □ (**evil, wicked, awful, disgusting, horrible, terrible**) crime　**ひどい**犯罪
- ☆ (**severe, harsh, cruel, brutal, merciless, strict, savage**) punishment　**厳しい**罰
- ☆ (**acute, intense, violent, keen, fierce**) pain　**激しい**痛み
- □ (**exhausting, challenging, tiring**) job　**骨の折れる**仕事

□ (**scarce, limited, scanty**) resources **乏しい**資源

□ (**enormous, tremendous, immense, huge, extensive, extreme, acute, extraordinary**) damage **多大な**被害

□ (**sharp, dramatic, significant, remarkable, considerable**) increase **激**増

4.「時」を表す必須形容詞をマスター！

□ (**current, present, contemporary**) technology **現在の**テクノロジー

□ my (**previous, former**) address **旧**住所

☆ (**potential, possible, likely**) danger **起こりうる**危険

英単語を覚えるときにはその語の画像を頭に焼きつけ、「右脳」で覚えるのが最も効果的です。
Googleの画像検索を利用しましょう！

実際に、ピクチャーを使って一気にマスターしてみましょう！

recognize the face
誰の顔かわかる

realize my dream
夢を実現する

notice the problem
その問題に気づく

identify the criminal
犯人を割り出す

ボキャブラリーパワー UP 大特訓！：形容詞②

(1) I need a highly (　　　　) watch to record the data.

1. aware　2. fake　3. accurate　4. neat

(2) The engineers found a(n) (　　　　) method to cut the costs.

1. domestic　2. effective　3. humid　4. noble

(3) Tools of (　　　　) people are exhibited in this museum.

1. reliable　2. primitive　3. classical　4. moderate

(4) I was brought up on a farmhouse in a (　　　　) town.

1. rural　2. physical　3. steady　4. disabled

(5) Jessie took out a (　　　　) diamond ring and proposed to me.

1. boring　2. essential　3. genuine　4. innocent

(6) Her (　　　　) departure surprised us all.

1. ashamed　2. individual　3. abrupt　4. stable

(7) Ben is (　　　　) for the task because he studied leadership.

1. harmful　2. foolish　3. illegal　4. adequate

(8) The politician was surrounded by the (　　　　) audience.

1. enthusiastic　2. toxic　3. annual　4. moist

(9) It is (　　　　) from her tone of voice that she is still grieving.

1. costly　2. apparent　3. contrary　4. thoughtful

(10) A：Do you think it's possible to bring (　　　　) animals back to life?

B：I think it's possible, but there are certainly moral issues to consider.

1. furious　2. fragile　3. extinct　4. entire

解答と解説

(1) **答え** **3.** 私はデータを記録するための非常に**精密な**時計が必要だ。
1. 気づいている　2. 偽の　3. 精密な、正確な　4. きちんとした

(2) **答え** **2.** 技術者らは経費削減に**効果的な**方法を見つけた。
1. 家庭の　2. 効果的な　3. 湿気の多い　4. 地位の高い

(3) **答え** **2.** この博物館には**原始的**時代の人々の道具が展示されている。
1. 信頼できる　2. 原始的な　3. 古典の　4. 節度のある

(4) **答え** **1.** わたしは**田舎の**町の農家で育った。
1. 田舎の、農村の　2. 身体の　3. 安定した　4. 身体障がい者の

(5) **答え** **3.** Jessie は**本物の**ダイアモンドの指輪で私にプロポーズした。
1. 退屈な　2. 必須の　3. 本物の　4. 無垢な、無罪の

(6) **答え** **3.** 彼女の**突然の**出発には私たち全員が驚いた。
1. 恥じている　2. 個々の、個人の　3. 突然の　4. 安定した

(7) **答え** **4.** Ben はリーダーシップについて学んだからその任務に**適任だ**。
1. 有害な　2. 愚かな　3. 違法な　4. 適任の、適切な

(8) **答え** **1.** その政治家は**熱狂的な**聴衆に囲まれていた。
1. 熱狂的な　2. 有毒な　3. 一年の、例年の　4. 湿気の多い

(9) **答え** **2.** 彼女の声の調子からまだ悲しみに沈んでいるのは**明らかだ**。
1. 高価な　2. 明らかな　3. 反対の　4. 思慮深い

(10) **答え** **3.** A: **絶滅した**動物を復活させるのは可能だと思う？
B: 可能と思うけど、考慮すべき倫理的問題が確実にあるね。
1. ひどく立腹した　2. こわれやすい　3. 絶滅した　4. 全体の

最重要類語グループ120
英検2級必須語いを一気にマスター！：形容詞編②

5.「ポジティブな状況・事柄」を表す必須形容詞をマスター！

☆ (**beneficial, favorable, helpful, advantageous**) to our company
わが社にとって**プラスになる**

□ (**precious, valuable, priceless**) information　**価値ある**情報

□ (**rapid, prompt, swift**) response　**素早い**反応

☆ (**accurate, exact, correct, precise**) data　**正確な**データ

□ (**impressive, spectacular, outstanding, marvelous, fascinating, amazing**) performance　**素晴らしい**パフォーマンス

☆ play a(n) (**vital, important, critical, crucial, significant**) role
重要な役割を果たす

☆ (**clear, apparent, obvious**) reason　**明白な**理由

□ (**calm, serene, tranquil**) lake　**穏やかな**湖

6.「ネガティブな状況・事柄」を表す必須形容詞をマスター！

□ (**rigid, inflexible, stubborn**) system　**凝り固まった**制度

☆ (**vague, ambiguous, obscure, unclear**) statement　**あいまいな**発言

□ (**peculiar, unusual, strange, eccentric**) character　**変わった**性格

☆ (**ridiculous, absurd, foolish, silly**) idea　**馬鹿げた**考え

□ (**harmful, poisonous, toxic**) gases　**有害な**ガス

□ an (**unstable, insecure**) position　**不安定な**地位

7.その他「確定」を表す必須副詞をマスター！

□ (**definitely, certainly**) cause problems　**必ず**問題を引き起こす

反意語でボキャブラリーパワー UP！：形容詞編

英検２級　基本語いの反意語をマスター！

active（積極的な）⇔ **passive**（消極的な）

cowardly（臆病な）⇔ **brave**（勇敢な），**courageous**（勇気ある）

domestic（国内の）⇔ **foreign**（外国の）

excessive（量や程度が過度の）⇔ **moderate**（適度の）

friendly（友好的な）⇔ **hostile**（敵意をもった）

guilty（有罪の）⇔ **innocent**（無実の）

late（遅刻した）⇔ **punctual**（時間厳守の）

mental（精神の）⇔ **bodily**, **physical**（肉体の）

natural（自然のままの）⇔ **artificial**（人工的な）

superior（優れた）⇔ **inferior**（劣った）

urban（都会の）⇔ **rural**（田舎の）

wild（野生の）⇔ **domestic**, **tame**（飼いならされた）

abstract（抽象的な）⇔ **concrete**（具体的な）

accidental（偶然の）⇔ **deliberate**（故意の）

positive, **affirmative**（肯定的な、積極的な）
⇔ **negative**（消極的な、否定的な）

conservative（保守的な）⇔ **progressive**（進歩的な）

horizontal（水平の）⇔ **vertical**（垂直の）

obvious（明白な）⇔ **vague**（あいまいな），**obscure**（不明瞭な）

optimistic（楽観的な）⇔ **pessimistic**（悲観的な）

abundant, **plentiful**, **ample**（豊富な）⇔ **scarce**（乏しい）

temporary（一時的な）⇔ **permanent**（永続的な），**eternal**（永遠の）

voluntary（自発的な）⇔ **compulsory**（強制的な）

いかがでしたか？ これで、ボキャビルの「形容詞」大特訓は終了です。

最重要語いで構成された選択肢ですから、ぜひすべてマスターしてくださいね。そして、類語グループも同じく何度も音読して一気にマスターしましょう！

それでは、「名詞」の大特訓に参りましょう。

ボキャブラリーパワー UP 大特訓！：名詞①

(1) Global warming is the ( ) of human activities.
1. flood 2. term 3. property 4. consequence

(2) Honesty is the most important ( ) of a good leader.
1. characteristic 2. acquaintance 3. facility 4. intention

(3) Martin Luther King Jr. fought against ( ) in the 1960s.
1. consideration 2. civilization 3. reputation 4. discrimination

(4) One out of four children in the world suffers from lack of ( ).
1. investment 2. nutrition 3. population 4. ingredient

(5) The world leaders discussed the ( ) of the rain forest.
1. conservation 2. organization 3. qualification 4. transportation

(6) The new policy increased the financial ( ) on low-income families.
1. architecture 2. atmosphere 3. custom 4. burden

(7) I have no ( ) other than a slight fever.
1. attempts 2. symptoms 3. commands 4. functions

(8) I bought a new toy for my son as a ( ) for good behavior.
1. refund 2. relation 3. reward 4. responsibility

(9) It is such a ( ) to spend all summer in Paris.
1. profit 2. philosophy 3. prescription 4. luxury

(10) A: I have no ( ) at all today.
B: Oh, you might have caught a cold.
1. aspect 2. appetite 3. debt 4. degree

(1) 答え **4.** 地球温暖化は人間の活動の**結果**である。

1. 洪水　2. 期間　3. 財産　4. 結果

(2) 答え **1.** 正直さはよいリーダーの最も重要な**特性**だ。

1. 特性、特質　2. 知識、面識　3. 設備　4. 意図

(3) 答え **4.** キング牧師は1960年代に**差別**と闘った。

1. 考慮　2. 文明　3. 評判、名声　4. 差別

(4) 答え **2.** 世界の4人に1人の子どもが**栄養**不足に苦しんでいる。

1. 投資　2. 栄養　3. 人口　4. 成分、材料

(5) 答え **1.** 世界のリーダーたちは熱帯雨林の**保護**について議論した。

1. 保護　2. 組織化、組織　3. 資格　4. 輸送

(6) 答え **4.** 新政策は収入の低い家庭の経済的**負担**を増やした。

1. 建築物　2. 大気、雰囲気　3. 慣習、しきたり　4. 負担、重荷

(7) 答え **2.** 微熱以外の**症状**はありません。

1. 試み　2. 症状　3. 命令　4. 機能

(8) 答え **3.** 私は息子によい行いの**ほうび**に新しいおもちゃを買った。

1. 返済　2. 関係　3. ほうび、報酬　4. 責任

(9) 答え **4.** 夏中パリで過ごすなんてとても**ぜいたくだ**。

1. 利益　2. 哲学　3. 処方、処方薬　4. ぜいたく、豪華

(10) 答え **2.** A: 今日は**食欲**が全くないんだよ。
B: 風邪をひいたのかもしれませんね。

1. 外観、見方　2. 食欲　3. 借金　4. 程度、度合い

最重要類語グループ 120
英検 2 級必須語いを一気にマスター！：名詞編

1.「人間」に関する必須名詞をマスター！

□ fight with one's (**opponent, rival, competitor**) **競争相手**と戦う

☆ my business (**colleague, coworker, partner**) **仕事仲間**

2.「程度」を表す必須名詞をマスター！

□ (**shortage, lack, scarcity**) of funds 資金**不足**

□ (**differences, gaps, distinctions**) between the two 両者の**違い**

□ economic (**hardship, difficulty, trouble, crisis**) 経済的**困難**

☆ receive a high (**pay, salary, wage, income**) 高い**給料**を得る

☆ have a great (**influence, effect, impact**) on the economy 経済に大きな**影響**を与える

□ mental (**ability, capacity, faculty, capability**) 知的**能力**

3.「抽象概念」を表す必須名詞をマスター！

□ (**relation, relationship, connection, association**) between work and family 仕事と家庭との**関係**

☆ unique (**features, characteristics, qualities**) of the product その商品の独特の**特徴**

□ social (**situations, conditions, circumstances**) 社会的**状況**

☆ the (**consequence, result, outcome**) of the war 戦争の**結果**

□ die from (**starvation, famine**) **餓死**する

☆ suffer from (**grief, agony, despair, sorrow, misery**) **悲しみ**に打ちひしがれる

□ change my (**occupation, profession, career**) **仕事**を変える

ボキャブラリーパワー UP 大特訓！：名詞②

(1) The word "fine" has multiple (　　　　).

1. decades　2. mammals　3. definitions　4. devices

(2) "King Lear" is one of the four great (　　　　) of Shakespeare.

1. tragedies　2. creatures　3. emergencies　4. opponents

(3) The theory of (　　　　) was proposed by Charles Darwin.

1. donation　2. destination　3. evolution　4. phenomenon

(4) The World Food Program is working on the project to prevent (　　　　).

1. agriculture　2. famine　3. budget　4. discipline

(5) After many years of (　　　　), Carrie finally overcame the hardship.

1. emotion　2. routine　3. despair　4. sensibility

(6) I missed the last train. Now there is no (　　　　) to walking.

1. alternative　2. exception　3. necessity　4. vehicle

(7) Watching comedy shows will relieve your (　　　　).

1. pastime　2. anxiety　3. hospitality　4. altitude

(8) The police found a (　　　　) to the murder case.

1. legend　2. colleague　3. fine　4. clue

(9) Trust your (　　　　) and choose what you think is right.

1. institutions　2. structures　3. instincts　4. species

(10) A：I booked an airplane ticket to London.

B：What a (　　　　)! I'm going there this summer, too!

1. circumstance　2. coincidence　3. continent　4. crop

(1) **答え** **3.** "fine" という単語には多様の**定義**がある。

1. 数十年間　2. 哺乳類　3. 定義　4. 装置

(2) **答え** **1.**「リア王」はシェイクスピア四大**悲劇**のひとつだ。

1. 悲劇　2. 生き物　3. 緊急事態　4. 相手、敵

(3) **答え** **3.** **進化**の理論はチャールズ・ダーウィンによって提唱された。

1. 寄付　2. 目的地　3. 進化　4. 現象

(4) **答え** **2.** WFP (世界食糧計画) は**飢饉**を防ぐ事業に取り組んでいる。

1. 農業　2. 飢饉　3. 予算　4. 鍛錬

(5) **答え** **3.** 何年にも渡る**絶望**の後、Carrie はついに苦境を脱した。

1. 感情　2. 日常業務　3. 絶望　4. 感覚、感受性

(6) **答え** **1.** 終電を逃した。もう歩く以外に**選択肢**がない。

1. 選択肢　2. 例外　3. 必要 (性)　4. 乗物、輸送機関

(7) **答え** **2.** コメディショーを見ると**不安**が和らぐ。

1. 娯楽　2. 不安　3. おもてなし　4. 高度、海抜

(8) **答え** **4.** 警察は殺人事件の**手掛かり**を見つけた。

1. 伝説　2. 同僚　3. 罰金　4. 手掛かり

(9) **答え** **3.** 自分の**直観力**を信じてあなたが正しいと思うものを選びなさい。

1. 機構、組織　2. 構造　3. 本能、直観力　4. 種 (しゅ)

(10) **答え** **2.** A: ロンドンへの航空券を予約したんだ。
B: **偶然**ですね！ 私もこの夏そこへ旅行するんですよ！

1. 状況　2. 偶然　3. 大陸　4. 農産物

反意語でボキャブラリーパワー UP！：名詞編

英検 2 級基本語いの反意語をマスター！

agreement（同意）⇔ **objection**（異議），**opposition**（反対）

ancestor（祖先）⇔ **descendant**（子孫）

body, flesh（肉体）⇔ **mind**（心），**soul**（魂），**spirit**（精神）

comedy（喜劇）⇔ **tragedy**（悲劇）

concentration（精神の集中）⇔ **distraction**（注意力散漫）

emigration（他国への移住）⇔ **immigration**（入植）

hope（希望）⇔ **despair**（絶望）

landing（着陸）⇔ **takeoff**（離陸）

majority（大多数）⇔ **minority**（少数）

marriage（結婚）⇔ **divorce**（離婚）

maximum（最大限）⇔ **minimum**（最小限）

opponent（敵対者）⇔ **supporter, proponent**（援護者）

predecessor（前任者）⇔ **successor**（後継者）

producer（生産者）⇔ **consumer**（消費者）

profit（利益）⇔ **loss**（損失）

publicity（周知）⇔ **obscurity**（無名），**secret**（秘密）

quality（質）⇔ **quantity**（量）

subjective（主観的な）⇔ **objective**（客観的な）

語い力アップの秘訣はフレーズを年の数だけ
音読！

　いかがでしたか？ これで1日目のボキャビル大特訓はすべて終了です。あとは反復練習とピクチャーで一気にマスターしましょう！

2日目

語い＆英文法
②基本動詞・句動詞

↓動画視聴はこちら

基本動詞・句動詞一気にスコアUP!
短期集中トレーニング

このセクションでは、英検２級の語い問題では「基本動詞・句動詞に関するものが約2～3割程度出題」されるため、重要基本動詞・句動詞の大特訓を行っていきます。英語の「基本動詞」を使いこなすのはスピーキング力をUPさせるために非常に重要です。たとえば、日本語の「する」にしてもdo以外にgive(a performance：パフォーマンスを)する、make(an effect：努力)する、take(a trip：旅行）する、get(a haircut：ヘアカット)するのように、文脈によって変わってきます。その意味でこの知識をテストしている英検２級はすばらしいテストです。

それは次のページの表にあるように、「**get, take, have, come, go, make, run, put, do, give, keep**」のような極めて重要な「**核となる基本動詞**」から、「bring, turn, see, let, show, meet, break, cut, look, work, show, stand, hold, live, let, pass, play, sit, carry, catch, fall, hang」のような基本動詞自体の用法、その句動詞（基本動詞＋前置詞[副詞]）や、その熟語に関するものまで多岐に渡っています。

また、英検２級では、「stay, wear, save, join, set, move, leave, pass, grow, build, turn, send, try, raise, drop, win, know, find, learn, read, buy, pay, call, say, begin, start」のような**基本動詞**や、**break into, hand over, hand down, put out, turn down**のような**句動詞**がよく出題されています。

こういった基本動詞、句動詞の知識は、１番の語法問題ばかりではなく、**「リスニング問題」や「エッセイライティング」の問題で、高得点を取るのに重要なファクター**なので、気合を入れてシステマチックに身につけていきましょう。

最初は、ウォーミングアップに、共通する基本動詞を入れる問題にチャレンジしてみましょう！

基本動詞の全貌(ぼう)はこれだ！

カテゴリー	核基本動詞	基本動詞
滞・在・有	**be**, **keep** **have**	stay, **hold**, wear (have on), save
合・閉・定	**meet** (come together)	join, set
動（横）自	get, **come**, **go**, make, **run**	move, leave (go away), pass
（上）	go up	return (come back)
（下）	go down	follow (go after)
（転）	go around	grow, build, fall, turn
運・動・他	take, **put**, get, run, **bring**, **work**, **do**, **make**	carry, send, play, try, move
（上）	bring up	raise, build, grow
（下）	bring down	drop, leave
（転）	get ～ around, **turn**	roll
内（取り込む）	**get**, **take**, **see**	catch, win, know, find, learn, read, buy
外（与える）	**give**, **let**, **show**	pay, call, say
開・広	**open**	happen, begin, start (get going), break
打・触	**hit**, run into, reach	burn, beat, kick, touch
断・壊	**break**, kill	cut

一気に基本動詞・句動詞マスター大特訓！①

かっこの中に共通する基本動詞を下の選択肢から選んでください。

get, put, take, make, have

1. a. You should (　　) account of the situation.（状況を考慮に入れて）
   b. Don't (　　) it so seriously. (そんなに真剣に考えないで)
   c. She (　　) over her family business.（彼女は家業を継いだ）
   d. Don't (　　) me for a fool!（馬鹿にしないで！）

2. a. I can't (　　) it next Tuesday.（来週の火曜日は都合が悪い）
   b. That won't (　　) any difference.（そんなことやったってムダよ）
   c. You should (　　) do with it.（それで間に合わせておいて）
   d. I will (　　) up for the loss.（この損の埋め合わせはするよ）

3. a. I'm (　　) along with my sister. (妹と仲良くしています)
   b. You're (　　) in the way of pedestrians. (歩行者の邪魔だよ)

4. a. I can't (　　) up with her attitude. (彼女の態度には我慢できない)
   b. The leader (　　) an end to the war. (リーダーは戦争を終わらせた)
   c. (　　) out the light when you leave. (出かける時には電気を消して)
   d. He (　　) this shelf together by himself. (彼は一人でこの棚を組み立てた)

5. a. Don't let him (　　) his own way. (彼に思い通りにさせるな)
   b. I'm (　　) second thoughts about the marriage. (結婚を考え直している)
   c. The medicine (　　) an effect on the pain. (その薬は痛みに効いた)

1. **答え** **take**　(a. take　b. take　c. took　d. take)
この他にも、**take a breath**（呼吸する）、**take a nap**（仮眠をとる）、**take a chance**（いちかばちかやる）、**take down** the building（ビルを取り壊す）、**take turns ～ ing**（交代で～する）、**take charge of ～**（～を受け持つ）、**take a break**（休憩する）がある。

2. **答え** **make**　(a. make　b. make　c. make　d. make)
この他にも、**make an attempt [effort] to ～**（～しようと努力する）、**make a face**（嫌な [滑稽な] 顔をする）、**make out** what he says（彼の言うことがわかる）、**make sense**（道理にかなう）、**make sure that**（～を確かめる）、**make fun of**（～をからかう）がある。

3. **答え** **get**　(a. getting　b. getting)
この他にも、**get rid of ～**（～を除く）、**get A to V**（A に V させる）、**get lost**（道に迷う）、**get away**（逃れる）、**get together**（集まる）、**get O p.p.**（O を～してもらう）がある。

4. **答え** **put**　(a. put　b. put　c. Put　d. put)
この他にも、**put off**（延期する）、**put on**（服を着る）、**put away**（片付ける）、**put down**（下に置く）、**put ～ into practice**（～を実施する）、**put ～ in order**（～を整理する）がある。

5. **答え** **have**　(a. have　b. having　c. had)
この他にも、**have something [a lot, nothing] in common with ～**（共通点がある [多くある、何もない]）、**have O p.p.**（O を～してもらう）、**have a word with**（～と少し話す）、**have trouble [difficulty, a hard time] ～ ing**（～するのに苦労する）もある。

いかがでしたか。何問正解できましたか？　どれも試験対策に重要な表現です。繰り返し読んでしっかり覚えましょう。それでは、次の問題にチャレンジ！

音読

最重要 基本動詞・句動詞を一気にマスター！

英検2級によく出題される必須句動詞を挙げておきますので、一気に覚えてしまいましょう！

give

☐ She **gave birth** to a baby girl. 彼女は女の赤ちゃんを**出産した。**

☐ His remarks **gave rise to** distrust. 彼の発言が不信**を引き起こした。**

☐ You should not **give way to** that kind of pressure.

その種の圧力**に屈し**てはいけない。

break

☐ Serena **broke up** with him. Serenaは彼**と別れた。**

☐ **break the ice** **話の口火を切る**

run

☐ We'll soon **run out of** gas. もうすぐガソリン**切れになる。**

☐ We're **running short of** money. 金**欠だ。**

turn

☐ **Turn to** your work immediately. 今すぐ仕事に**取り掛かり**なさい。

☐ **turn to him for** advice 彼に助言**を求める**

hold

☐ **Hold your tongue!** **黙りなさい！**

☐ I **held my breath** when I saw the accident.

事故を目撃したとき思わず**息をのん**だ。

☐ **hold the line** **電話を切らずに待つ**

☐ **hold up** well under any circumstances いかなる状況でも**耐える**

hand

☐ They are walking **hand in hand**. 彼らは**手を取り合って**歩いている。

☐ **hand out** leaflets チラシを**配布する**

name

☐ I was **named after** my grandmother. 私は祖母の名から**名付けられた**。

meet

☐ He worked very hard to **meet the deadline**.

彼は**締切りに間に合う**よう熱心に働いた。

☐ This program is designed to **meet the needs** of advanced students.

このプログラムは上級者**のニーズを満たすよう**企画されている。

lose

☐ Don't do anything that makes me **lose face**.

私の**顔をつぶす**ようなことはするな。 ⇔ save face (面目を保つ)

☐ He **lost his temper** when he found out the truth.

真実を知った時、彼は**激怒した**。

know

☐ You should **know better than** to tell a lie.

あなたは嘘をつく**ほどの馬鹿ではない**はずです。

open

☐ I **opened my heart** to him. 私は彼に**本心を明かした**。

play

☐ He always **plays tricks on** his friends.

彼はいつも友だちに**いたずらをしている**。

いかがでしたか。これらの基本動詞の入った用法は、毎回必ず出題されるので、繰り返し音読してしっかりと覚えておきましょう！

一気に基本動詞・句動詞マスター大特訓！②

かっこの中に共通する基本動詞を下の選択肢から選んでください。

look, keep, come, do, go

1. a. The school has (　　) away with uniforms. (学校は制服を廃止した)
   b. The polluted air (　　) harm to our health.
   (大気汚染は健康を害する)
   c. One thousand yen will (　　) for the time being.
   (千円で当分間に合う)

2. a. She (　　) an eye on the patient. (彼女は患者から目を離さない)
   b. You should (　　) track of the expenses. (支出を記録するべきだ)
   c. (　　) in mind what I said. (私が言ったことを覚えておきなさい)
   d. (　　) off the grass. (芝生立ち入り禁止)

3. a. I (　　) across my old friend. (旧友にばったりと出会った)
   b. The truth (　　) out by accident. (真実が偶然明るみに出た)
   c. How did the conflict (　　) about? (どうして争いは起こったのか？)

4. a. She (　　) off on a trip to Rome. (彼女はローマへの旅に出発した)
   b. He (　　) too far with his joke. (彼の冗談は度を越していた)
   c. I'd like you to (　　) over this paper. (この書類に目を通して欲しい)
   d. I cannot (　　) along with the new policy. (新政策には賛同できない)

5. a. I (　　) forward to seeing you. (お会いできるのを楽しみにしています)
   b. I'll (　　) back on my life someday. (いつか人生を振り返ってみよう)
   c. My brother always (　　) down on me. (いつも兄は私を見下す)

解答と解説

1. **答え** **do** (a. done b. does c. do)
この他にも、**do business with ～** (～と取引する)、**do without ～** (～なしで済ます)、**have nothing to do with ～** (～と無関係だ) がある。

2. **答え** **keep** (a. keeps b. keep c. Keep d. Keep)
この他にも、**keep one's fingers crossed** (幸運を祈る)、**keep one's word [promise]** (約束を守る)、**keep away from ～** (～から離れている)、**keep ～ ing** (～し続ける)、**keep company with ～** (～と付き合う)、**keep in touch [contact] with ～** (～と連絡を取り合う)、**keep time** (拍子を合わせる) がある。

3. **答え** **come** (a. came b. came c. come)
この他にも、**come into being** (生まれ出る)、**come of** (生じてくる)、**come to an end** (終わる)、**come to V** (～するようになる)、**come to light** (明るみに出る)、**come true** (実現する)、**come close to ～ ing** (もう少しで～するところである) がある。

4. **答え** **go** (a. went b. went c. go d. go)
この他にも、**go through with** (やり抜く)、**go by** (経過する)、**go against** (～に反抗する)、**go wrong** (間違える、うまくいかない)、**go ahead with ～** (～を進める、実行する) がある。

5. **答え** **look** (a. look b. look c. looks)
この他にも、**look through** (目を通す、見抜く)、**look up** (調べる)、**look up to ～** (～を尊敬する) がある。

いかがでしたか。この特訓のいいところは、共通の動詞を入れるだけなので、ゲーム感覚で楽に問題が解けるけれど、効率よく一気に基本動詞、句動詞の知識が身につく点です。解説で記されたその他の基本動詞や句動詞も、ぜひ覚えてください。

音読

これだけは絶対に覚えよう！ 前置詞・副詞別 最重要句動詞を一気にマスター！①

ALONG の必須句動詞光速マスター！

「添う」→合わせる・従う、の語感をイメージしましょう。

☐ **get along with** classmates　クラスメート**とうまくやっていく**

☐ **go along with** the crowd　多数派**の意見に従う**

AROUND の必須句動詞光速マスター！

「回」→周りを回って・避ける、の語感をイメージしましょう。

☐ She's **coming around**.　彼女は**意識が戻ってきている**

☐ **push** [**boss**] him **around**　彼を**こき使う**

☐ **stick** [**hang**, **sit**] **around** for a while　しばらく**そこにいる**

AT の必須句動詞光速マスター！

「1 点集中」→地点で・地点で狙って、の語感をイメージしましょう。

☐ **aim at** a target　ターゲット**に狙いを定める**

☐ **glance at** a watch　時計**をちらりと見る**

AWAY の必須句動詞光速マスター！

「離れる」→なくなる・広がる・逃れる、の語感をイメージしましょう。

☐ **get away from** the enemy　敵**から逃れる**

☐ **pass away** at the age of 95　95 歳で**亡くなる**

☐ **put away** the toys　おもちゃ**を片付ける**

☐ **run away** from my responsibilities　責任を**逃れる**

☐ **stay** [**keep**] **away** from cigarettes　タバコを**控える**

BACKの必須句動詞光速マスター！

「後方へ」→戻す・隠す、の語感をイメージしましょう。

- ☐ **cut back** (**on**) expenses　支出**を切り詰める**
- ☐ **hold back** my tears　涙**を抑える**
- ☐ **look back on** the old days　昔**を回想する**
- ☐ **pay back** a debt　借金**を返済する**
- ☐ **take** [**draw**] **back** his statement　発言**を撤回する**

BYの必須句動詞光速マスター！

「経由・その周辺」→通って・従って・～に関して、の語感をイメージしましょう。

- ☐ **drop** [**stop**] **by** (**at**) the office　オフィス**に立ち寄る**
- ☐ **get by** on a small income　わずかの収入**で何とか生活する**
- ☐ **stand by** for the announcement　発表に備えて**待機する**
- ☐ The ticket is hard to **come by**.　そのチケットは**入手する**のが困難だ

前置詞のイメージで句動詞の「語感」を
捉えましょう！

一気に基本動詞・句動詞マスター大特訓！③

かっこの中に入る基本動詞を、下の選択肢から選んでください。

believe,	bring,	carry,	check,	cut
drop,	hang,	leave,	let,	live, see
sell,	show,	speak,	stand,	throw

1. You can (　　) out five books at a time.
(一度に 5 冊借りることができる)
2. She (　　) off her engagement ring to us.
(彼女は婚約指輪を自慢して見せた)
3. The white dove (　　) for peace. (白い鳩は平和の象徴である)
4. His attitude (　　) about misunderstanding.
(彼の態度が誤解を招いた)
5. I could not (　　) up to my mother's expectations.
(母の期待にこたえることができなかった)
6. The ending of the story (　　) me down. (物語の結末には失望した)
7. He (　　) on working for ten years. (彼は 10 年間仕事を続けた)
8. He (　　) his bag behind him. (彼はカバンを忘れていった)
9. I'll (　　) to it that everything is ready for the party.
(パーティの準備が万全であるようにいたします)
10. I (　　) up the phone. (私は電話を切った)
11. You should (　　) up when delivering a speech.
(スピーチするときは大きな声で話すほうがいい)
12. Don't (　　) away garbage on the street. (ゴミを通りに捨てないで)
13. All the tickets are (　　) out. (チケットは全部売り切れました)
14. My son still (　　) in Santa Claus.
(息子はまだサンタクロースを信じています)
15. Could you (　　) by my office today?
(今日オフィスに立ち寄って頂けますか？)

解答と解説

1. **答え check**

check out (図書館で（本などを) 借り出す）他にも check out the facts（真実を調べる）も大切

2. **答え showed**

show off (見せびらかす) 他にも show up (姿を現す) がある。

3. **答え stands**

stand for (象徴する、表す) 他にも stand by (待機する、そばにいる) stand out (目立つ) がある。

4. **答え brought**

bring about (引き起こす) 他にも bring up to the subject (その話題を出す)、bring back (戻す、思い出させる) がある。

5. **答え live**

live up to (期待などにこたえる、〜に従って行動する) 他にも live on (〜を食べて生きる) がある。

6. **答え let**

let down (人を失望させる) 他にも let alone 〜 (〜は言うまでもなく) がある。

7. **答え carried**

carry on (続ける) go on も可能。他にも carry out (実行する) がある。

8. **答え left**

leave behind (置き忘れる) 他にも leave out (〜を省く)、leave 〜 alone (1 人にしておく) がある。

9. **答え see**

see to it that 〜 (〜するように取り計らう) that 節内は原則として現在形を用いる。他にも see 人 off (人を見送る) がある。

10. **答え hung**

hang up (電話を切る) 他にも hang on (しがみつく)、hang in there (踏みとどまる) がある。

11. **答え** **speak**

speak up (声を大きくする) 他にも **speak ill of** (悪口を言う)、**speak out** (思い切って言う) 、**speaking of 〜** (〜について言えば) がある。

12. **答え** **throw**

throw away (捨てる) 他にも **throw up** (吐く、もどす) がある。

13. **答え** **sold**

sell out (全部売り切る) 人を主語にすると We are **sold out** of all the tickets. (売り切っている) または We **sold out** all the tickets. (売り切れた)

14. **答え** **believes**

believe in 〜は何かの存在を信じたり、奉仕すること。believe(言葉を信じる) との使い分けに注意。

15. **答え** **drop**

drop by 〜 (〜にちょっと立ち寄る) **come by** も可能。他にも **drop in at**(立ち寄る) がある。

いかがでしたか? 何問ぴったりうまく当てはめることができましたか? 10 問以上正解できれば合格です。

こういった「句動詞」に弱い人は、各前置詞 [副詞] ごとにフレーズを音読して一気にマスターしましょう!

音読

これだけは絶対に覚えよう！ 前置詞・副詞別 最重要句動詞を一気にマスター！②

DOWN の必須句動詞光速マスター！

「下」→弱める・固定する・減る・押さえつける・完全に、などの語感をイメージしましょう。

☆ My computer **broke down**. コンピューターが**壊れた**

☆ **hand down** the tradition to the next generation 伝統を次世代に**伝える**

□ **knock down** a pedestrian 歩行者を**はねる**

☆ Don't **let** me **down**. 私を**見捨て**ないでください

□ **lie down** on the bed ベッドで**横になる**

□ **look down on** them 彼らを**見下す**

☆ be **passed** [**handed**] **down** from generation to generation 代々**受け継がれる**

□ **settle down** in a small town 小さな町に**定住する**

☆ **turn down** the offer 申し出**を断る**

FOR の必須句動詞光速マスター！

「片方」「双方向」に向かう→予定・原因・基準、をイメージしましょう。

☆ **account for** the delay 遅れの理由**を説明する**

☆ **apply for** the position その職**に応募する**

☆ **call for** a strike ストライキ**を求める**

☆ **care for** a baby 赤ちゃん**の世話をする**

☆ **head** [**make**] for the exit 出口に**向かう**

□ **long for** spring 春を**待ち焦がれる**

☆ What does UN **stand for**? UN は何の**略です**か？

IN の必須句動詞光速マスター！

「入る」→中に取り込む・中に入っていく、などの語感をイメージしましょう

□ **deal in** dairy products　乳製品**を取り扱う**

☆ Don't **get in** my way.　私の**邪魔をし**ないで。

□ **give in to** the pressure　プレッシャー**に負ける**

☆ **hand** [**turn**, **give**] **in** the sales report　売上報告書**を提出する**

☆ **major in** politics　政治学**を専攻する**

☆ The rainy season has **set in**.　梅雨が**始まった**。

□ Don't **stand in** my way.　私の**邪魔をし**ないで。

INTO の必須句動詞光速マスター！

「中に至る」→のめり込んでいる・熱中している、の語感をイメージしましょう。

☆ **break into** a bank　銀行**に押し入る**

☆ **burst into** tears　どっと**泣き出す**

□ **come into** a fortune　財産**を受け継ぐ**

□ **go into** the details　詳細**を説明する**

☆ **look into** the matter　その問題**を調べる**

□ **run** [**bump**] **into** a classmate　クラスメート**と偶然出会う**

OFF の必須句動詞光速マスター！

「離」→離れる・発する・放つ・減る・済ませる、の語感をイメージしましょう。

☆ **call off** the baseball game　野球の試合**を中止する**

□ The bomb **went off**.　爆弾が**爆発した**。

□ **keep off** alcohol　アルコール**を控える**

☆ **lay off** workers　労働者を (一時的に) **解雇する**

☆ **put off** the appointment　約束**を延期する**

☆ **show off** her ring　彼女の指輪**を見せびらかす**

□ His attitude **turned** me **off**.　彼の態度には**うんざりした**。

ON の必須句動詞光速マスター！

「加わる」→頼る・影響を与える・迫る・繰り返す・関連する、の語感をイメージしましょう。

□ **act on** his advice　彼のアドバイスに従って**行動する**

□ **agree[disagree] on** the price　値段**に同意する**［しない］

☆ **carry on** the conversation　会話**を続ける**

□ The song **caught on** very quickly.　その歌はたちまち**ヒットした。**

☆ **count** [**bank**, **rely**, **depend**] **on** his support　彼の援助**に頼る**

☆ **fall on** Sunday　日曜日**にあたる**

□ **hang on** to the rope　ロープ**にしがみつく**

□ **hit on** a new plan　新しいプラン**を思い付く**

☆ **Hold on** a second.　ちょっと**待って**ください。

☆ **move on** to the next topic　次のトピックに**移る**

□ **pass on** the message　伝言をする（言葉を**伝える**）

□ **take on** the new project　新規プロジェクトを**引き受ける**

□ **touch on** the matter　その問題**に触れる**

音読

これだけは絶対に覚えよう！ 前置詞・副詞別 最重要句動詞を一気にマスター！③

OUTの必須句動詞光速マスター！

「出」→出る・追い出す・出す・消えるなどの語感をイメージしましょう。

☆ A fire **broke out** in the building.	そのビルで火事**が起きた。**
□ **bring out** a book	本**を出版する**
☆ **carry out** an inspection	検査**を行う**
□ **drop out of** high school	高校**を中退する**
☆ **figure** [**make**] **out** his intentions	彼の意図**を理解する**
☆ **fill out** a form	用紙**に記入する**
□ **find out** the reason	理由**がわかる**
□ **go out of** business	倒産する（経営**されなくなる**）
□ I was **kicked out of** school.	学校を**退学になった。**
☆ **look** [**watch**] **out** for cars	車**に気をつける**
☆ **pick out** a souvenir	お土産**を選ぶ**
□ **put out** the fire	火**を消す**
□ **reach out for** a candy	キャンディー**に手を伸ばす**
□ **run out of** paper	紙を**全部使いきる**
□ **stand out** in a group	グループで**ひときわ目立つ**
☆ **turn out** to be a mistake	結局間違いであること**がわかる**
□ My shoes have **worn out**.	私の靴は**すり減った。**
□ **work out** smoothly	丸く**収まる**

OVERの必須句動詞光速マスター！

「越」「覆」→超えて・渡す・覆う・優先する・繰り返し、をイメージしましょう。

☆ **carry** it **over** to the next meeting	それを次の会議に**持ち越す**

☆ **look over** the document 書類**を見直す**

☐ **pull over** at the corner その角に**車を止める**

☐ **stop over** in San Francisco 途中でサンフランシスコに**寄る**

☆ **take over** the company その会社を**引き継ぐ（乗っ取る）**

☐ **think over** the possibilities 可能性をじっくり**考える**

☐ **turn over** a page ページ**をめくる**

THROUGH の必須句動詞光速マスター！

「貫」→スルーと経て終える・経験する・至る所に、の語感をイメージしましょう。

☐ **come through** difficulties 困難**を切り抜ける**

☆ **go through** the document 文書**を調べる**

☐ His plan **fell through**. 彼のプランは失敗**に終わった。**

UP の必須句動詞光速マスター！

「完」「満」→完了する・仕上げる・上げる・高める・強調する、などの語感をイメージしましょう。

☆ **add up to** one million yen **合計** 100 万円**になる**

☐ **bring up** the subject そのことを**話題に出す**

☐ Can you **speak up**? **大きな声で話し**てくれませんか？

☆ **catch up with** the class 級友**に追いつく**

☐ **draw up** a list リスト**を作成する**

☆ **hang up** the phone 電話**を切る**

☆ **Keep up** the good work! その調子で**頑張って**！

☐ **live up to** their expectations 彼らの期待**にこたえる**

☐ **look up to** their teacher 先生**を尊敬する**

☆ **make up for** the loss 損失**を補う**

☐ **pick up** English 英語**を覚える**

☐ **set up** a company 会社**を設立する**

☆ **show up** for the party	パーティに**顔を出す**
☆ **stay** [**sit**] **up** all night	徹夜する（夜じゅう**起きている**）
□ **take up** snowboarding	スノーボード**を始める**
□ **throw up** on the road	道路に**吐く**

WITHの必須句動詞光速マスター！

「関」「結」→関わり合う・結ぶ、などの語感をイメージしましょう。

□ I'm **acquainted with** the singer.	その歌手**と顔見知りだ。**
□ **break with** a tradition	伝統**を絶つ**
☆ **catch up with** a friend	友人**に追いつく**
□ **come up with** a good idea	よいアイデア**を思いつく**
☆ **cope** [**deal**] **with** a problem	問題**を処理する**
□ **dispense with** the formalities	堅苦しいこと**は抜きにする**
□ **do away with** the policy	その政策**を廃止する**
☆ Red wine doesn't **go with** fish.	赤ワインは魚とは**合わ**ない。
□ **identify** money **with** happiness	お金と幸せを**同一視する**
☆ **keep up with** the trend	流行**に遅れずについていく**
□ **make do with** the secondhand camera	中古のカメラ**で間に合わせる**
□ We **made up with** each other.	私たちは**仲直りした。**
☆ **put up with** the situation	状況**を我慢する**
□ **stick with** my partner	パートナー**を支え続ける**

さていかがでしたか。本当によく頑張ってついてきましたね。Thank you so much! ありがとう！ これで基本動詞・句動詞の大特訓はすべて終了です。

それでは次は必須熟語に参りましょう。

3日目

語い＆英文法

③熟語

↓動画視聴はこちら

熟語問題一気にスコア UP!
短期集中トレーニング

大問1の短文の語句空所補充問題、20問のうち、後半の10～11問は句動詞を含む熟語問題と文法問題です。

熟語問題では前のセクションでも一部取り上げた「句動詞」の他に、「前置詞句」など、様々なものが7題程度、出題されます。選択肢にも熟語が並ぶので、この部分だけで多くの熟語を目にすることになります。その中から正解を選ぶには熟語の形だけでなく、その意味もしっかりと押さえておく必要があります。

例えば、空所の前にby（前置詞）があるとします。選択肢が4つとも前にbyが来るものが並んでいるとしたら、形ではなく**文意に合うものを選ばなくてはなりません**。by all means(ぜひとも)、by accident(偶然に)、by mistake(間違って)などの熟語の意味が分からなければ、解けないのです。

大問1を素早く解答して、長文問題や英作文に時間をかけるために、単語だけでなく熟語の知識もしっかりと身につけておきましょう。

英検2級で覚えておくべき熟語は、準2級よりぐんと増えます。そこでこのセクションでは、最重要熟語の問題で満点や高得点をゲットできるように大特訓を行いたいと思います。

それでは、最初は句動詞トレーニングです。これは、2日目にやった基本動詞の句動詞ではなく、もう少し語いレベルの高い動詞の句動詞を覚え、その後にその他の必須句動詞を一気にマスターするようになっています。ではさっそく次のページの問題にチャレンジ！

一気に句動詞フレーズマスター大特訓！

かっこの中に入る基本動詞を下の選択肢から選んでください。

account,	amount,	apply,	base,	burst
cope,	count,	cross,	end,	figure
head,	point,	refer,	refrain,	settle

1. The actress (　　) up marrying the prince.
（その女優は最後には王子と結婚した）
2. You should not (　　) on other people.（他人に頼るべきではない）
3. Sometimes we have to (　　) with difficulties.
（時には困難に立ち向かう必要がある）
4. I (　　) out wrong answers with a red pen.
（赤ペンで誤答に線を引いて消した）
5. I cannot (　　) out how to use the device.
（その装置をどう使うのか分かりません）
6. This train is (　　) for Tokyo.（この電車は東京に向かっています）
7. Please (　　) to the online manual.
（オンラインのマニュアルをご参照ください）
8. All the students (　　) into laughter.（生徒全員が爆笑した）
9. I'd like to (　　) for the job.（その仕事に応募したいと思います）
10. Elderly people (　　) for 27.3% of the total population.
（高齢者は総人口の 27.3%を占めている）
11. This movie is (　　) on a real story.（この映画は実話に基づいている）
12. Please (　　) from smoking here.
（ここでの喫煙はご遠慮頂けますか?）
13. He always (　　) out my mistakes.（彼はいつも私の間違いを指摘する）
14. She decided to (　　) down in this town.
（彼女はこの町に定住する決意をした）
15. The total investment will (　　) to more than one billion yen.
（投資の合計額は 10 億円を超えるだろう）

1. **答え** **ended**
   end up ～ing (結局～することになる)　この他**end up with** (～で終わる) など。The dinner ended up with coffee. (夕食はコーヒーで終わった)

2. **答え** **count**
   count on (～を頼りにする)　**rely on**、**depend on** とも言う。また、on の代わりに upon を使うこともある。

3. **答え** **cope**
   cope with (～を対処する)　**deal with** (うまく対処する) とも言う。
   ≒ tackle, manage, handle

4. **答え** **crossed**
   cross out (線を引いて消す、削除する)　**cross off** とも言う。
   ≒ delete, erase, cancel

5. **答え** **figure**
   figure out (理解する、解決する) ≒ understand, solve
   figure out a problem (問題を解決する)

6. **答え** **headed**
   be headed for (～に向かっている) ≒ be bound for (～行きの)

7. **答え** **refer**
   refer to (参照する、言及する)
   He referred to a line in the Bible. (彼は聖書の一節に言及した)

8. **答え** **burst**
   burst into (突然～しだす)　**burst out ～ ing** とも言う。
   burst out crying (突然泣き出す)

9. **答え** **apply**
   apply for (～に応募する)　apply + to do (～するのを申請する) の形もあるので注意。apply to join the team. (チームに参加するのを申請する)

10. **答え** **account**

account for (～を占める)　他に「説明する、申し開きをする」の意味でも用いる。account for the mistake (誤りの説明をする)

11. **答え** **based**

be based on (～に基づく)　他に**be based in** Japan (日本に拠点を置く)

12. **答え** **refrain**

refrain from ～ ing (～するのを差し控える)　この他、**cannot refrain from ～** (～せずにはいられない) もある。≒ cannot help ～ ing

13. **答え** **points**

point out (指摘する)　この他 **point to** (指し示す、指摘する) もある。point to the north (北を指す)

14. **答え** **settle**

settle down (定住する)　他に「気持ちが落ち着く」の意味でも用いられる。**settle oneself down** は「腰を落ち着ける」

15. **答え** **amount**

amount to (合計～になる)

いかがでしたか。句動詞はたくさんありますが、少なくとも問題に出てきたものはしっかり覚えておきましょう。それでは、その他の必須句動詞を確認してから、次は前置詞の入った熟語にチャレンジ！

一気に前置詞フレーズマスター大特訓！①

かっこの中に共通する前置詞を、下の選択肢から選んでください。

with, on, in, of, at

1. I'm (　　) a loss what to say to her. (彼女に何を言うか途方に暮れている)
   The girl screamed (　　) the sight of a bug. (少女は虫を見るなり叫んだ)
   He always keeps the photo (　　) hand. (彼はいつもその写真を手離さない)

2. This product is no longer (　　) demand.
   (この製品はもう需要がない)
   The team won five games (　　) a row. (チームは 5 連勝した)
   It's sunny today (　　) contrast to yesterday. (昨日とは違い今日は晴天だ)
   You should apologize to her (　　) person. (自分で彼女に謝るべきだ)

3. He hit me (　　) purpose. (彼は故意に私をぶった)
   I sleep seven hours a day (　　) average. (私は平均 7 時間の睡眠をとる)
   I made a speech (　　) behalf of the school. (学校を代表して演説した)

4. To begin (　　), let me talk about myself. (まず私について話をします)
   I'm not familiar (　　) this area. (私はこのあたりに詳しくない)

5. The tool is (　　) no use. (その道具は役に立たない)
   I'm capable (　　) doing this job. (私にはこの仕事をする能力があります)
   Regardless (　　) how long it takes, I'll run to the goal.
   (どんなに時間がかかろうとゴールまで走ります)

1. 答え at

この他にも、at present (現在は)、at the moment (今のところ)、at the cost of (～を犠牲にして)、at any cost（どんな犠牲を払っても）、at large (全体として)、at random (でたらめに)、at times (時々)、at heart (心底は、根は) がある。

2. 答え in

この他にも、in the meantime（そうこうしているうちに）、in vain (無駄に)、in advance (前もって)、in charge of (担当している)、in place of (の代わりに)、in case of (の場合には)、in terms of (に関して)、in any case (どのみち)、in the end （結局)、in a sense (ある意味では) がある。

3. 答え on

この他にも、on the contrary (これに反して)、on business (商用で)、on a diet (ダイエットしている)、on schedule (時間通りに)、It's on me (私のおごりです)、on the spot (即座に)、on second thoughts (考え直してみると)、on the top of a mountain（山頂に）がある。

4. 答え with

この他にも、do away with (～を除く、廃止する)、with open arms (両手を広げて、心から)、with all ～ (がありながら)、with certainty (確信をもって)、with regard to ～（～に関して）がある。

5. 答え of

この他にも、independent of (に無関係で)、ahead of (より進んで)、be sick [tired] of (うんざりだ)、be sure of (確信している)、be short of (不足している)、a man of one's word (約束を守る人)、be aware of (に気づいている) がある。

前置詞を含んだ熟語をマスターするときも、クイズ感覚でとっつきやすいこの**「共通選択肢アプローチ」**が威力を発揮します。2回目のチャレンジをするときは、選択肢を見ないで、どこのフレーズからでも答えが言えるようになりましょう。

一気に前置詞フレーズマスター大特訓！②

かっこの中に共通する前置詞を下の選択肢から選んでください。

for, from, to, by, as

1. (　　) a rule, I play games on weekends.（原則、ゲームは週末にする）
   The schedule is (　　) follows. (スケジュールは以下の通りです)
   (　　) a matter of fact, I haven't read it. (実はまだそれを読んでいない)

2. I decided to live here (　　) good.（ここに永住することに決めた）
   I got on the train bound (　　) Nagoya.（名古屋行の列車に乗った）
   I worked all day (　　) nothing.（私は一日ただ働きをした）

3. I have an opinion (　　) the contrary. (私はそれとは反対の意見です)
   The schedule is subject (　　) change. (スケジュールは変更の可能性あり)
   Your answer is (　　) the point. (あなたの答えは的を射ている)

4. The question is (　　) no means easy to solve.
   (その問題を解くのは決して簡単ではない)
   They sat on the bench side (　　) side. (彼らは並んでベンチに座った)
   I went to Mexico (　　) way of Chicago. (シカゴ経由でメキシコに行った)

5. Apart (　　) comics, I don't read books.（マンガの他には読書をしない）
   The robot is far (　　) perfect.（そのロボットは完璧からは程遠い）
   The shop is just across (　　) my house.（その店は私の家の真ん前にある）

解答と解説

1. **答え** as

この他にも、as usual (いつも通りに)、regard A as B (A を B とみなす) がある。

2. **答え** for

この他にも、as for (～については)、for certain [sure] (確実に) for free (無料で)、for fun (面白半分に)、hope for (～を期待する)、for one's age (年の割に) がある。

3. **答え** to

この他にも、contrary to (～に反して)、get used [accustomed] to (～に慣れる)、to the effect that (～という旨の)、next to impossible (ほとんど不可能な) がある。

4. **答え** by

この他にも、by accident [chance] (偶然に)、by means of (～を用いて)、by turns (順に、かわるがわる)、by nature (生まれつき) がある。

5. **答え** from

この他にも、from now on (今後は)、from time to time (時々) がある。

それでは、「前置詞フレーズ大特訓」最後の問題です。もう一息、張り切って参りましょう！

一気に前置詞フレーズマスター大特訓！③

かっこの中に入る前置詞を、下の選択肢から選んで入れてください。

about,	behind,	beside,	in spite of,	around,
out of,	over,	under,	up to,	without

1. I talked with friends (　　) a cup of coffee.
　(コーヒーを飲みながら友達とおしゃべりした)

2. I must take this pill every morning (　　) fail.
　(この錠剤を毎朝必ず服用しなければならない)

3. Christmas is just (　　) the corner. (クリスマスはもうそこまで来ている)

4. He is particular (　　) what he eats. (彼は食べるものにこだわる)
　She is concerned (　　) her son's safety.(彼女は息子の安全を心配している)

5. The train arrived one hour (　　) schedule.(列車は一時間遅れで到着した)

6. The preparations for the ceremony are (　　) way.
　(式典の準備は進行中である)

7. A trip to Europe is (　　) the question. (ヨーロッパ旅行など問題外だ)
　The elevator is (　　) service. (エレベーターは故障中です)
　This method is (　　) date. (この方法は流行おくれです)

8. It's all (　　) you. (それはすべてあなた次第です)

9. He is (　　) himself with joy. (彼は嬉しさで有頂天になっている)

10. He didn't give up (　　) the failure.
　(失敗にも関わらず彼はあきらめなかった)

解答と解説

1. **答え** over　over a cup of coffee (コーヒーを飲みながら)
この他にも over and over (again) (何度も何度も) がある。

2. **答え** without　without fail (必ず、きっと)
この他にも without a doubt (間違いなく) がある。

3. **答え** around　just around the corner (間近に、近づいて)
この他にも all the year around (一年中) がある。

4. **答え** about　be particular about (～にこだわる)
この他にも happy about (満足な)、worry about (～について心配する)、there is nothing you can do about (～についてはどうすることもできない) がある。

5. **答え** behind　behind schedule (予定に遅れて)
この他にも behind one's back (人のいないときに、こっそり) がある。

6. **答え** under　under way (進行中で、進捗して)
この他にも under construction (建築中で) がある。

7. **答え** out of　out of the question (問題外で)、out of service (故障中で)、out of date (流行おくれで)
この他にも out of control (制しきれない)、out of order (乱れて、故障して)、out of shape (壊れて、体調が悪くて) がある。

8. **答え** up to　up to ～ (～次第で)
この他にも up to date (最新式に)、live up to (～に従って行動する)、make up to (埋め合わせをする)

9. **答え** beside　beside oneself with (～で我を忘れる)
この他にも beside that (その上)、beside the point (要点を外れた) がある。

10. **答え** in spite of　in spite of (～にも関わらず)
≒ despite, with all, for all。

いかがでしたか。選択肢を見ないで答えられるようにトレーニングしましょう。その他の**必須前置詞フレーズ**をチェックしたら、次は模擬問題にチャレンジです！

音読

その他の最重要前置詞フレーズを一気にマスター！

at

☐ **At first**, I didn't like him. **当初は**、彼が好きではなかった。

☐ There are many points **at issue**. **論争中の**ポイントがたくさんある。

☐ She was ten years old **at most**. 彼女は**せいぜい** 10 歳だった。

for

☐ I haven't seen you **for ages**. あなたには**もう長く**会っていない。

☐ I did it **for your own good**. **あなたのために**それをしたのです。

☐ The weather is going to change **for the worse** next week.
来週は天候が**悪く**なります。

in

☐ All the computers are **in use**. コンピューターはすべて**使用中**です。

☐ Tell me **in detail** about your plan. あなたの計画の**詳細**を教えてください。

☐ I sent a card **in return for** their hospitality.
彼らのもてなし**のお礼に**カードを送った。

この他にも、**in private** (こっそりと)、**in short** (手短に言えば)、**in danger of** (～の危険がある)、**in honor of** (～に敬意を表して)、**in the first place** (まず第一に、そもそも)、**in time** (やがて、間に合って)、**get [be] in contact [touch] with** (～と接触する)、**be in full bloom** (満開で)**in conclusion** (結論として)、**in one's 40s** (40 歳代で)、**in succession** (連続で) が重要！

of

☐ It's **free of** charge. それは**無料**です。

☐ We sell **a wide range of** products. **幅広い**商品を売っています。

off

☐ The plane **took off** before we arrived at the airport.

飛行機は私たちが空港に着く前に**離陸した。**

on

☐ The officer has been **on duty** for 12 hours. その警察官は 12 時間**勤務**中だ。

☐ It was raining **on and off** yesterday. 昨日は**降ったりやんだり**だった。

☐ The new model will be **on sale** next month.

新型モデルが来月**販売**になる。

この他にも、on earth ([疑問・否定を強めて] 一体ぜんたい)、on one's own (独力で)、on the go [move] (絶えず活動して [移動して])、on the whole (概して)、on (the) condition that ～ (～という条件で) がある。

to

☐ May I take a seat **next to** you? **お隣に座**ってもいいでしょうか ?。

☐ I know **next to nothing** about the law.

その法律について**ほとんど何も**知ら**ない。**

☐ My opinion **is opposite to** yours. 私の意見はあなたと**反対だ。**

with

☐ The tree **was covered with** fruit. その木には実が**いっぱいなっていた。**

☐ The singer **is popular with** young people.

その歌手は若い人**に人気がある。**

☐ I spent the day **together with** my family.

その日は家族**と一緒に**過ごした。

☐ Let's sing **along with** them. 彼ら**と一緒に**歌おう。

この他にも、be impressed with ～ (～に感銘を受ける)、be through with ～ (～を終えて)、be compared with ～ (～と比べて) がある。

合格力診断

基本動詞・句動詞の模擬テストにチャレンジ！

(1) A: Nate, look at that lamp! Isn't it beautiful? It's also a bargain price! Let's buy it!

B: But we already have a lamp at home. We need to ( ) it over.

1. take 2. think 3. run 4. look

(2) I was supposed to guide a small group from a foreign country around the Asakusa area, but they didn't ( ). Now I have a whole day off.

1. show up 2. try out 3. lay out 4. catch up

(3) I cannot forgive him! He called me stupid ( ).

1. in general 2. in mind 3. in line 4. in public

(4) We always eat out at a Chinese restaurant. Why don't we go to an Italian restaurant ( )?

1. by accident 2. by and large

3. for a change 4. for certain

(5) If you want to make this project successful, you should ( ) all the possibilities into account.

1. take 2. make 3. come 4. go

(6) On the day before Christmas, the department store in town was crowded with shoppers. I had to ( ) my way through the crowd to get out of the place.

1. keep 2. make 3. give 4. pay

(7) It was a beautiful day and we were having a picnic by a lake. ( ), however, the sky became dark and it began raining.

1. Once in a while 2. In addition

3. All of a sudden 4. At least

(8) A: I cannot decide which dress to buy for the prom night. Have you already bought your dress?

B: No, I haven't. Why don't we go to a shopping center now to ( ) out our dresses.

1. bring 2. pick 3. carry 4. rule

(9) Could you please ( ) my shoes at the repair shop? My high heel came off.

1. drop off 2. call off 3. pull off 4. keep off

(10) I've been very busy and didn't have time to eat. I want to eat something now, but there is nothing in my fridge. I'm ( ) to death!

1. spoiling 2. resisting 3. adapting 4. starving

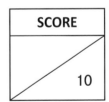

SCORE
/ 10

(1) **答え** **2**（★★）

A：ネイト、あのランプを見て！ きれいじゃない？ それにバーゲン価格よ！
買わなきゃ！

B：でもランプならうちにあるよ。よく考えなきゃ。

1. take over 引き継ぐ、乗っ取る 2. think over じっくり考える
3. run over (車が人などを) ひく 4. look over 目を通す

(2) **答え** **1**（★★）

外国からの小グループに浅草あたりをガイドするはずだったけど、彼らが現れなかった。今日は丸1日お休みだ。

1. 現れる　2. 試す　3. 広げる　4. 追い付く

(3) **答え** **4**（★）

彼のことは許せない！ 公衆の面前で私のことを馬鹿と呼んだんだ。

1. 概して　2. 心の中で　3. 列になって　4. 公衆の面前で

(4) **答え** **3**（★★）

私たち、いつも中華レストランで外食してるよね。変化を付けてイタリアンレストランに行こうよ。

1. 偶然に　2. 概して　3. 変化を付けて　4. 確実に

(5) **答え** **1**（★★）

もしこの新プロジェクトを成功させたいなら、あらゆる可能性を考慮に入れるべきだ。

take all the possibilities into account (あらゆる可能性を考慮に入れる)。

(6) **答え** **2**（★★）

クリスマス前日、町のデパートは買物客でにぎわっていた。その場から出るために私は混雑した中を縫って進まなくてはならなかった。

make one's way through the crowd (混雑した中を縫って進む)。

(7) **答え** **3** (★★)

その日は天気もよく、私たちは湖畔でピクニックをしていた。しかし空が不意に暗くなり、雨が降り出した。

1. たまに　2. さらに　3. 不意に　4. 少なくとも

(8) **答え** **2** (★★)

A：プロムの夜のドレスにどれを買うか決められないの。あなたはもう買った？

B：私もまだ。これからショッピングセンターにドレスを選びに行かない？

1. 持ち出す　2. 選ぶ　3. 実行する　4. 排除する

(9) **答え** **1** (★★★)

私の靴を修理店に持って行ってもらえる？ ヒールが取れたの。

1. (荷物などを) 届ける　2. 中止する　3. 脱ぐ　4. 控える

(10) **答え** **4** (★★)

忙しくて食べる時間がなかった。今何か食べたいけれども、冷蔵庫に何もない。飢え死にしそう！

1. あまやかす　2. 抵抗する　3. 適合させる　4. 飢える

いかがでしたか。合格ラインは7割正解です。でも、どの選択肢も重要なので、ぜひマスターしましょう。何度も問題にチャレンジすることで記憶に残りやすくなるでしょう。選択肢を見ないでも答えられるくらいになるまで、繰り返し復習しましょう！

ボキャブラリービルディングは反復練習。
語いの勉強を毎日の習慣にしよう！

4日目

語い＆英文法
④文法

↓動画視聴はこちら

文法問題一気にスコア UP!
短期集中トレーニング

語いセクションで出題される文法問題は、20問中3問なので多くはありませんが、**文法の知識は読解、リスニング、ライティング全てに必要**であり、文法の知識なくしては全体的な英語力の向上は望めません。

このセクションでは、文法の練習問題を解き、英検２級で必要な高校レベルの文法知識のうち、特に重要な項目の確認を行います。

英検２級では、**時制**の「**動詞の形**」を問う問題や「**比較**」の表現、「**仮定法**」、「**不定詞**」、「**動名詞**」、「**分詞**」などが特に重要で、「**分詞構文**」もよく出題されます。他には、「**使役動詞**」、「**部分否定**」、「**倒置表現**」なども押さえておく必要があり、「**前置詞**」と「**接続詞**」などの用法にも要注意です。

過去に文法問題で複数回出題された項目は次の通りです。

５回以上出題されたもの

would have p.p. / in case S+V

３～４回出題されたもの

by the time S+V / even if(though) / with ＋名詞＋～ ing、または p.p.

２回出題されたもの

X times as ～ as / as if / considering that / little did I / so do S / not ～ either / not so much as / nothing but / remember to do / remember ～ ing / so as to

文法問題攻略のためにはまず、文法を理解する必要がありますが、やはりクイズで知識の確認をするのが効果的です。

そこで、このセクションでは英文法の問題で満点や高得点をゲットできるように大特訓を行います。間違えた問題は、根拠をしっかりと理解したあと、時間をおいてまた解いてみましょう。一度解いて終わりでは力はつきませんよ。

では、さっそく次のページの問題にチャレンジ！

最重要英文法 一気にマスター大特訓！①

(1) The (　　) he was alone, he started to cry.

1. moment　2. time　3. past　4. day

(2) (　　) I read the book, I was able to understand only half of it.

1. All the time　2. On time
3. By the time　4. The first time

(3) The movie is worth (　　) money and time on.

1. to spend　2. spending　3. for spending　4. spent

(4) It is no use (　　) that you don't know him.

1. of pretends　2. pretended
3. pretending　4. for pretending

(5) He has (　　) one pair of shoes.

1. no more than　2. no less than
3. even less　4. much less

(6) He is (　　) a singer as an actor.

1. more much　2. that much
3. much more　4. not so much

(7) It is (　　) that he lost all his fortune.

1. before long　2. no wonder
3. in case　4. without accident

(8) It was not ( ) I went to China that I began to learn Chinese.

1. before 2. after 3. until 4. onto

(9) I ( ) late for school if my father hadn't given me a ride.

1. will be 2. will have been

3. would be 4. would have been

(10) I'll bring an umbrella in case it ( ).

1. rains 2. rained 3. will rain 4. had rained

解答と解説

(1) **答え 1**

彼は１人になるや否や泣き出した。

"the moment S+V ～（～するや否や）"のパターン！

(2) **答え 4**

その本を初めて読んだとき、私は半分しか理解できなかった。

文脈から、4の「初めて～する時」がマッチ。

(3) **答え 2**

その映画はお金と時間を使う価値がある。

"be worth ～ ing（～する価値がある）"の構文パターン！

(4) **答え 3**

彼のことを知らないふりをしても無駄だ。

"no use ～ ing（～しても無駄である）"の構文パターン！

(5) **答え 1**

彼はたった一足しか靴を持っていない。

no more than は only を強めた形で「～しかない！」、no less than は as many as を強めた形で「～もある！」。1は「たった～」、2は「～ほども多くの」。

(6) **答え** 4

彼は歌手というよりむしろ俳優だ。

“not so much A as B（A というよりも B）”の構文パターン！

(7) **答え** 2

彼が全財産を失ったのは不思議ではない。

“it is no wonder (that) S+V（～は無理もない）”の構文パターン！

(8) **答え** 3

私は中国へ行って初めて中国語の勉強を始めました。

“it is not until … that（…して初めて～する）”の構文パターン！

(9) **答え** 4

父が送ってくれなかったら学校に遅刻していただろう。

「過去」の事実に反する仮定なので、「仮定法過去完了」の形にする。

(10) **答え** 1

万一雨が降る場合にそなえて傘を持っていこう。

in case=if　原則として「時や条件を表す副詞節」では、未来の事でも「現在形」で表す。

いかがでしたか。7 割正解が合格ラインです。スポーツをするときにまず「ルール」を覚えるのと同じように、語学学習でも「文法」を知っておく必要があります。次の「ルール」を覚えてから、また問題にチャレンジしてください。

絶対に覚える！

最重要 英文法 Top10

1. 他動詞の目的語になる動名詞と不定詞

＊目的語に動名詞をとる他動詞を覚えておきましょう！(V+ 〜 ing)

mind	いやだと思う、気にする	miss	しそこなう
enjoy	楽しむ	give up	やめる、あきらめる
practice	練習する	finish	終える
stop	やめる	escape	逃れる
deny	否定する	postpone/ put off	延期する
avoid	避ける	suggest	提案する

まず**「やめる・嫌がる系動詞」**を覚えてください。**quit, stop, avoid, deny, resist, postpone,give up, escape, mind, miss, finish** がわかります。次に、**to 不定詞**は**未来志向**の**「〜しようとする」**に対して、**〜 ing 動名詞**は**「習慣・過去のこと」**と覚えてください。すると、**enjoy, practice** がわかります。最後に、**suggest (recommend, consider)** の**「提案 (検討)」**がありますが、これは「未来志向の不定詞」と違って、すぐにでもやろうとする「勢い」があるので、〜 ing 形を用います。

＊目的語に不定詞をとる他動詞はこれだ！(V+ to do)

hope(期待する、希望する)、**wish**(願う)、**desire**(強く望む)、**mean**(意図する)、**aim**(目指す)、**expect**(期待する)、**plan**(計画する)、**decide**(決定する)、**determine**(決心する),**choose**(選ぶ)、**agree**(同意する)、**promise**(約束する) など

＊不定詞と動名詞で意味が変わる stop！

stop は動名詞を目的にとる動詞ですが、to 不定詞が来る場合もあります。

a) He **stopped taking** pictures.（写真を**撮るのをやめた**）

b) He **stopped to take** pictures.（写真を**撮るために立ち止まった**）

a) の stop は他動詞で「やめる」の意味、b) の stop は自動詞で「立ち止まる」の意味になります。ですから b) は目的語ではなく、「～するために」という目的を表す表現です。

2. 動名詞・不定詞両方を目的語にとり、意味が大きく異なる動詞

Please **remember** to bring the book.	**忘れずに**その本を持ってきてください。
I **remember** reading the book.	その本を読んだ**覚えがある。**
I **forgot** to read the book.	本を読む**のを忘れた。**
I **forgot** reading the book.	その本を読んだ**ことを忘れた。**
I **regret** to leave Japan.	**残念ながら**日本を去ります。
I **regret** leaving Japan.	日本を去ったことを**後悔している。**
I **tried** to open the door.	ドアを開けよう**としてみた（が開かなかった）**。
I **tried** opening the door.	**試しに**ドアを開けてみた。
I **need** to repair my car.	私は車を修理する**必要がある。**
My car **needs** reparing.	私の車は修理**が必要だ。**
＝ My car **needs** to be repaired.	

3. during と while の違い

どちらも「～の間」という意味ですが、during は前置詞、while は接続詞であり、用法が違います。**前置詞の後ろには名詞（句）**が続き、**接続詞の後ろには節や文（SV があるもの）**が続きます。

a) I met Lucy (during / while) my stay in Tokyo.

b) I met Lucy (during / while) I stayed in Tokyo.

a) my stay in Tokyo は名詞句なので、前置詞である during が入ります。

b) I stayed in Tokyo には SV があるので、接続詞である while が入ります。

「前置詞」なのか「接続詞」なのかをしっかりと見極める習慣をつけましょう。

4. 非常に間違いの多い組み合わせ

・〜なので

前置詞　**because of** / **due to** / **owing to** ＋名詞句

接続詞　**because** / **since** / **as** / **for** ＋（S+V）節

・〜にもかかわらず

前置詞　**despite** / **in spite of** ＋名詞句

接続詞　**although** / (even) **though** ＋（S ＋ V）節

＊ while にはもう一つ、注意しておいて欲しい用法があります。

while 節の中では何かが起こっているため、動作動詞の進行形または状態動詞が用いられます。**動作動詞の進行形**が用いられる場合で、**主節の主語と while 節の主語が同じ**場合、**while** 節の主語と **be** 動詞が省略されることがよくあります。

例　I listened to music **while** (I was) studying.
(勉強している間、音楽を聞いていた)

最重要 英文法一気にマスター大特訓！②

(1) The tickets for the show are selling well. (　　) I arrived at the theater last night, they had all sold out.

1. After　2. Even when　3. By the time　4. Unless

(2) The teacher stood in front of us with his arms (　　).

1. fold　2. folding　3. are folding　4. folded

(3) Jun speaks English (　　) it were her mother tongue.

1. even though　2. as if　3. but for　4. if only

(4) Blair thought that nobody had remembered her birthday. Little (　　) that they were planning a surprise party for her.

1. did she dream　2. she would dream

3. she dreamed　4. was she dreaming

(5) Do you remember (　　) a birthday present for her today?

1. to be bought　2. buy　3. to buy　4. buying

(6) A：I heard Ken will run a marathon this fall.

B：Really? (　　) I'll talk to him next time I see him.

1. So will I.　2. Nor will I.　3. If I will.　4. But will I

(7) If you (　　) win a lottery, what would you buy?

1. got to　2. were to　3. had to　4. to be

(8) Never (　　) to finish the task by tomorrow.

1. make　2. come　3. fail　4. lose

(9) She always tells lies She is (　　) but a good person.

1. something　2. anything　3. nothing　4. everything

(10) Tell me about your problems, (　　).

1. by any　2. for any　3. when any　4. if any

解答と解説

(1) **答え 3**［文脈型接続詞パターン］

そのショーのチケットはよく売れている。昨夜私が劇場に着くまでには完売していた。

文脈的に「～するときまでに」を表す 3 が入る。

(2) **答え 4**［前置詞の付帯状況パターン］

先生は私たちの前で腕組みをして立っていた。

付帯状況。with 名詞～ ing「～しながら」、with 名詞～ ed「～させながら」。「腕を組ませながら」→「腕組みをしながら」と考える。

(3) **答え 2**［仮定法］

ジュンはまるで母国語のように英語を話す。

1. ～だけれども　2. あたかも～のように

3. ～がなかったら　4. ただ～でさえあればなあ

(4) **答え 1**［倒置パターン］

ブレアは誰も彼女の誕生日を覚えていないと思った。友人がサプライズ・パーティを企画しているとは夢にも思わなかった。

「否定」を表わす「副詞」が、強調のために「文頭」に置かれると「倒置形」になる。

(5) **答え 3**［不定詞パターン］

今日彼女に誕生日プレゼントを買うことを覚えてる?

remember [forget] to ～（～することを覚えている［忘れる］）

(6) **答え** **1**［倒置パターン］

A: ケンがこの秋のマラソンに出るって聞いたよ。

B: 本当？ 私も出ますよ。今度彼に会ったら話しかけてみよう。

So（助）動詞＋主語の形で「～もです」となり、反対は Neither ＋助動詞＋主語（～も…でない）。

(7) **答え** **2**［仮定法パターン］

もし宝くじが当たったら何を買いますか？

仮定法未来構文。If 主語 were to ～「主語が万一～するとしたら」の意味。

(8) **答え** **3**［熟語パターン］

明日までに必ず仕事を終わらせなさい。

never fail to ～「必ず～する」の意味。

(9) **答え** **2**［熟語パターン］

彼女はいつも嘘をつく。彼女が善人とはとんでもない。

anything but ～は「全く～ではない」、nothing but ～は「まさに～である」

(10) **答え** **4**［熟語パターン］

問題点がもしあるならば教えてください。

if any「もしあれば」「たとえあるにしても」

5. 直接法と仮定法の違いとは！？

Ifを含む文には単なる条件を示す直接法と、事実と反対の想像や、実現しそうにない願望を表す仮定法があります。

a) If it is fine tomorrow, **I will** go to the beach.
もし明日晴れれば、ビーチに行くつもりだ。（単なる条件）

b) If it were fine, **I would** go to the beach.
もし晴れているなら、ビーチに行くのになあ。（現在の事実と反対の想像）

6. 仮定法のパターンを完全マスター！

仮定法では次の基本となる3つの公式を覚えておきましょう。

①仮定法過去

If+S+動詞の過去形～，

S+ would/ could/ should/ might + 動詞の原形

「もしSが～ならば、…であるだろうに」

If I were you, I wouldn't do that.（僕だったらそんなことしないけどな）

※ if節の中の動詞がbe動詞の場合、人称、数に関わらず **were** を用いるのが原則。

②仮定法過去完了

If+S+had + 動詞の過去分詞形～，

S+ would/ could/ should/ might +have + 動詞の過去分詞形

「もしSが～だったら、…であったろうに」

If I had studied harder, **I would have passed** the exam.

（もっと勉強していたら試験に受かったろうに）

③仮定法過去完了と仮定法過去の合体

If +S+ 動詞の過去完了形 ,

S+would/ could/ should/ might + 動詞の原形

「(あの時) ～していたら、(今は)…だろうに」

If I had eaten breakfast, **I wouldn't be** hungry now.

(朝食を食べていたら、今お腹が減っていないのに)

7. 受動態の分詞構文

現在［過去］分詞を副詞的に用いて、理由や時などの意味を加えているものを**分詞構文**と言います。よく出題されるのは「受動態」の分詞構文です。下の例文のように Being はふつう省略され**過去分詞で始まり**、多くの場合**理由**を表します。

Written in easy Japanese, the book is good for children.

(簡単な日本語で書かれているので、その本は子ども向けだ)

Seen from a distance, the house looks like a haunted mansion.

(遠くから見ると、その家は幽霊屋敷のように見える)

8. 使役動詞の have

使役動詞には make / have / let がありますが、使役動詞 have(get を用いることも多い) の用法 3 パターンを確認しておきましょう。

＊ S + have(get) + O(主に人) + 原形不定詞

Have the students **read** the book aloud.

(生徒に音読させるように［権限を表す］)

I **had** the doctor **check** my ears. (医者に耳を検査してもらった)

※ get を用いる場合、原形不定詞が to 不定詞になることに注意。

I **got** my father **to drive** me to school. (父に学校まで車で送ってもらった)

［頼んでしてもらう場合］

＊ S + have[get] + O(主に物) + 過去分詞

I **had** my ears **checked.**（耳を検査してもらった）

Get this **done** by tomorrow.（明日までにこれを終わらせておくように）

＊ S + have [get]+ O + 現在分詞

I **have** the taxi **waiting** outside.（私はタクシーを外に待たせている）

9. 部分否定と全体否定を表す表現に要注意！

部分否定	全体否定
not…all / not…every 「すべてが～というわけではない」	no / none「何も [ひとつも]…ない」 nobody「誰も…ない」 not…any「まったく…ない」 not…at all「まったく…ない」
Not…both 「両方が～というわけではない」	neither / not…either 「どちらも…ない」

※この他、**always** や **quite** など、「程度」や「頻度」を表す副詞を否定すると**部分否定**になります。

例 I do**n't quite** understand what he says.

(彼の言うことが全くわかるというわけではない)

10. 進行形の受動態< be 動詞+ being +過去分詞>

進行形の受動態は「～されているところだ」、を表す形です。よく使われる表現なので、しっかりと形を覚えておきましょう。

例 My car is now being repaired. (私の車は今修理中だ)

< have/has/had + been+ 過去分詞>の形をとる**完了形の受動態**と混同しないように注意しましょう。

例 The factory has been built.（その工場が作られた）

さてここからは、これまでに学んだことの総復習です。総合問題にチャレンジしてみましょう！合格ラインは同じく 7 割ですが、8 割を目指しましょう。Good luck!

合格力診断

語い＆文法の模擬テストにチャレンジ！

次の (1) から (10) までの (　　) に入れるのに最も適切なものを 1 ～ 4 の中から一つ選びなさい。

(1) A: Jane! How long has it been? You haven't changed a bit since college days. You're still young and beautiful!

B: I'm really (　　) to hear that, Gil. You look the same as before, too.

1. flattered　　2. concerned

3. congratulated　　4. offended

(2) Some smokers don't realize that secondhand smoke is extremely (　　) to other people including non-smokers.

1. beneficial　　2. ideal　　3. harmful　　4. appropriate

(3) My client asked for a big discount. So I had to (　　) to win a contract.

1. purchase　　2. acquire　　3. hesitate　　4. compromise

(4) I've seen the movie five times! Its last scene is very touching. I can't help (　　) every time I see it.

1. crying　　2. cry　　3. to cry　　4. cried

(5) I usually read 100 books a year. I can recommend you some good books, but this is (　　) the best I've ever read.

1. by far　　2. as far as　　3. far from　　4.so far

(6) You have a loud voice and talk clearly. The way you talk ( ) me of your father.

1. recalls 2. remembers 3. reminds 4.resembles

(7) A: I saw Glen at a restaurant yesterday. Do you know who was there with him?

B: No idea. Tell me, I'm all ( )!

1. for it 2. ears 3. set 4. right

(8) He is very good at covering up his mistakes. He always ( ) on his innocence.

1. protests 2. complains 3. insists 4. confesses

(9) I want to try this dress on, but all the fitting rooms are ( ).

1. possessed 2. occupied 3. exposed 4. undertaken

(10) The sales increased 15% this month. I think this is because we spent more money ( ) on the advertisement this month.

1. than ever before 2. before than ever

3. than ever since 4. since than ever

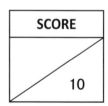

SCORE
/ 10

解答と解説

（★はやさしめ、★★は普通〜やや難しい、★★★は難しい）

(1) **答え** **1**（★★★）

A: ジェーン！ もうどれくらいたつかな？ 君は大学時代からちっとも変わっていないね。 まだ若々しくて美しい！

B: ギル、お世辞でも**嬉しいわ**。あなたも前と同じね。

1. (お世辞などで) 喜んで　2. 興味のある、心配している

3. お祝いを言われた　4. 感情を害された

(2) **答え** **3**（★）

副流煙が非喫煙者を含む他人に非常に**有害である**ことに気づいていない喫煙者もいる。

1. 有益な　2. 理想的な　3. 有害な　4. 適切な

(3) **答え** **4**（★★）

私の顧客が大幅な値下げを要求してきた。契約を取るために私は**妥協しな**ければならなかった。

1. 購入する　2. 獲得する　3. ためらう　4. 妥協する

(4) **答え** **1**（★★）

私はその映画を 5 回見たことがあるが、最後の場面はとても感動的だ。見るたびにいつも泣か**ずにはいられない**。

can't help 〜 ing「〜せずにはいられない」「〜するのは仕方ない」

can't help but ＋原形 の形もある。

(5) **答え** **1**（★★）

私は年に 100 冊の本を読む。あなたに何冊かよい本をお勧めできるが、これは私が今まで読んだ中で**ダントツに**よい本だ。

1. はるかに、断然　2. 〜する限り　3. 〜とは全く異なって　4. ここまでは

by far は「比較級・最上級」を強めるのに用いられる。「〜する限り」には as far as の他に as long as があり、使い分けに注意！ **as far as「〜する範囲内では (範囲の制限)」、as long as「〜する間は (時間の制限)、〜しさえすれば (条件)」**

(6) **答え** **3**（★）

君は大きな声ではっきりと話す。君の話し方を聞くと君のお父さんを思い出すよ。

1. 思い出す　2. 思い出す　3. 思い出させる　4. ～に似ている

remind A of B「A に B を思い出させる、～を見ると［聞くと］A は B を思い出す」

recall、remember は「人」を主語にとる。

(7) **答え** **2**（★★★）

A：昨日、レストランでグレンを見たよ。誰と一緒にいたか知ってる？

B：分からないな。さあ、教えてよ！

1. I'm all for it.「大賛成だ」
2. I'm all ears.「さあ言ってくれ。**興味深々**だ」
3. I'm all set.「準備できています」（「十分間に合っています」の意味も。）
4. I'm all right.「大丈夫です」

(8) **答え** **3**（★★）

彼は自分のミスをごまかすのがとても上手だ。彼はいつも自分に非がないと**言い張る。**

1. 抗議する　2. 不満を言う　3. 主張する　4. 白状する

(9) **答え** **2**（★★）

このドレスを試着してみたいのだけど、試着室が全部**ふさがっている**のよ。

1. 所有された　2. 使用中で　3. 露出した　4. 引き受けた

(10) **答え** **1**（★★）

今月売り上げが 15% 伸びた。これは、今月は広告費に**これまでになく**お金を使ったからではないかと思う。

than ever before は、形容詞や副詞の比較級の後で用いて「以前よりまして、これまでになく」の意。

音読 最重要英文法を一気にマスター！

他にも絶対覚えておいて欲しいものを補足しておきますので、一気に「音読マスター」しましょう！

比較の必須表現を一気にマスター！

□ Things will get better **sooner or later**. **遅かれ早かれ**事態はよくなるよ。

□ It's getting dark, and **what is worse**, it started to rain.
暗くなってきたし、**さらに悪いことに**雨が降り出した。

□ You can keep it **as long as** you want. **好きなだけ**持っていていいよ。

□ **Make the most** of what you have. 自分の持ち味**を生かし**なさい。

□ Repeat it **as many times as** you can. **できる限り何度も**繰り返しなさい。

接続詞の必須表現を一気にマスター！

□ We'll go **whether** it rains **or** shines. 雨天**でも**晴天**でも**行きます。

□ You can use this computer **whenever** you like.
いつでも好きな**時に**このコンピューターを使っていいですよ。

□ I **took it for granted that** you would come.
あなたが来るのは**当然だと思っていた**。

前置詞の必須表現を一気にマスター！

□ We need money **above all** else. ほか**の何より**私たちにはお金が必要だ。

□ He didn't come **after all**. **結局**彼は来なかった。

□ I talked about my life, family, **and so forth**.
人生や家族、**その他いろいろなこと**について話した。

□ **On arriving** at the station, I called her. 駅に**着くとすぐ**彼女に電話した。

□ **Considering that** she is still young, she is doing well.
彼女がまだ若い**ことを思えば**、彼女はよくやっている。

□ There's **nothing** for it **but** to walk. 歩くよりほか**仕方がない**。

形容詞の必須表現を一気にマスター！

☐ He is **well off**. 彼は**裕福だ**。

☐ You **are certain to** succeed in the future. あなたは将来**きっと**成功する。

☐ **Be sure to** text me tonight. 今夜**必ず**携帯メールを送ってね。

☐ I'**m willing to** help you. 手伝って**あげてもいいよ**。

副詞の必須表現を一気にマスター！

☐ There are butterflies flying **here and there**. 蝶々が**あちこち**飛んでいる。

☐ I had a fever, **but nevertheless**, I went outside.
発熱していたが、**それにもかかわらず**私は外出した。

☐ I do **not** like **either** of them. 私はその**どちらも**好き**ではありません**。

☐ I **would rather** go to the festival **than** eat. 食事**より**祭りに行き**たい**。

不定詞の必須表現を一気にマスター！

☐ I'll go to bed now **so as to** get up early tomorrow.
明日早起き**するために**もう寝ます。

☐ I **was just about to** call you. 今あなたに電話**をするところでした**。

さて、いかがでしたか。以上で英検セクション1の語い、基本動詞、句動詞、熟語、英文法大特訓はすべて終了です。本当によくがんばりましたね！

それでは、明日に向かって英語力UPの道を—

Let's enjoy the process!（陽は必ず昇る）

Good luck!

5日目

読解

↓動画視聴はこちら

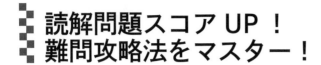

読解問題スコアUP！
難問攻略法をマスター！

英検2級の読解問題は、**空所補充問題2題**と、**内容一致問題2題**に分かれています。問題数は全部で14問あり、**長文空所補充問題**はそれぞれ**270語程度、長文内容一致問題Aが230語程度**、**Bは350語程度**となっており、**合計1500語**程度です。

準2級は、長文空所補充問題が200語程度、長文内容一致問題Aが200語程度、Bが300語程度で**合計900語**程度なので、準2級に比べると格段に多くの英文を読まなければなりません。

速く読むために必要なことは、何と言っても**返り読みをやめる**ことです。返り読みとは、日本語の語順になるように後ろから前に戻って読むことで、英文を行ったり来たりするため、時間をロスしてしまいます。素早く読むためには、英文を前から読んでいくことが大切なのです。そのためにも、**英文を意味の固まりごとに処理し、英文の書かれている語順で読む**ように心がけましょう。

英文読解速度の目安は、**1分間で100～120語**程度です。このくらいの速度で読むことができれば、余裕を持って問題を解き切ることができるでしょう。
各問題の解答時間の目安はおおよそ以下の通りです。

問題	問題数	目標解答時間
長文空所補充問題①	3問	6分
長文空所補充問題②	3問	6分
長文内容一致問題A	3問	6分
長文内容一致問題C	5問	10分

長文の難易度は、英検 2 級が高校修了程度と定められていることからもわかる通り、センター試験や中堅大学の入試レベルです。内容は学術的な内容で、社会問題から歴史、科学技術など非常に幅広いテーマが出題されます。専門的な知識がなければ不利になるということはありませんが、様々な英文を読み、幅広く教養を身につけておくことが望ましいと言えます。

英検 2 級は準 2 級に比べると語いレベルが上がるのが特徴で、語い問題だけでなく長文のセクションにおいても影響します。未知の単語が多ければ多いほど、本文の意味を推測するのが困難になり、読むのが遅くなります。その結果、制限時間内に解き切ることが困難になるのです。**語い力の強化は長文読解においても重要**だと心得ておきましょう！

さらに、英検 2 級の読解問題では準 2 級に比べて正解の選択肢を選ぶ難易度が格段に上がります。空所補充問題において「空所の前後だけ読んで解く」、内容一致問題において設問を読んで「飛ばし読みをして該当しそうな部分だけ読んで解く」といった**安易なやり方では解答できないと考えましょう！** 正確に英文を読み、受験者を惑わす様々な問題のトリックを見破って初めて、正解にたどり着けるのです。

次のページ以降では、実際の英検 2 級レベルの長文問題演習を通じて実戦力をつけるとともに、**よく出題される問題のパターンに慣れて短時間で解答するための実力をつけること**を目標としています。解説をよく読み、問題を解く際にどのような点に注意をすればよいのかを確認してください。

空所補充型 長文問題、難問攻略法はこれだ！

空所補充型長文問題を攻略するためのポイントについて確認していきましょう。英検2級の空所補充型長文問題は、270語程度の2つの長文で構成されており、問題はそれぞれ3問ずつあります。文章は様々な分野の学術的な文章が出題されます。過去10年に出題された分野を分析すると、**科学＆自然に関する長文が多く出題**されており、次に歴史的な内容のものが中心となっています。科学＆自然の中でも特によく出題されるのは環境保護や動物、医療などです。

次に、設問のパターンについて見てみましょう。長文の空所補充問題を見ると、始めから文章を読まずに空所の前後だけ読んで解く人がいますが、それできちんと解くことができるのでしょうか。

問題パターンを見ると、空所の前後にヒントがあるケースが多いことがわかりますが、**「段落を広く読む」タイプの問題は、直前直後を読むだけでは解くことができません。**そのため、空所の前後の1文だけを読んで解く方法は避けた方が無難だと言えます。

直前直後を読む方法では、解けない問題に当たったときに**文章を前から読み返すことになり、かえって時間がかかってしまうことになりかねません。**1段落目から大まかな意味をとらえながら、素早く読み進めていきましょう。

ディスコースマーカーを押さえる

空所補充問題の設問は、大きく**ディスコースマーカー**（For example、However など論理関係をつなぐ副詞）**を答える問題**と、**文の途中を完成させる問題**に分かれます。

過去に出てきた主なディスコースマーカーは、以下の通りです。

①逆接・対比	however, on the other hand, in fact など
②原因・理由	because of ～, this is because, for this reason, as a result など
③譲歩	though, even if など
④具体例	for example など
⑤追加	in fact, what is more など

この中で、in fact は「実は」と逆接の意味で使われる場合と、「実際」と追加の意味で使われる場合があるので、特に注意が必要です。

さらに、**代名詞（it, this, them など）が指すものが設問に関連することが多い**のも、特徴の1つとして挙げられます。文章中にこのような代名詞が出てきたときは、必ずそれが何を指すのかを明らかにするように努めましょう。

最後に、日ごろ英文を読むときに、文と文のつながりを意識して読むことが大切です。学校の教科書でも1文1文を和訳して終わりとするのではなく、「この1文は前の文の具体例になっている」、「この1文は筆者の主張を表している」などといった、**文の役割を考えながら読むこと**が、空所補充問題を解く際に役立ちます。

それでは、実際に空所補充型長文問題を解きながら、攻略法を確認していきましょう！

練習問題（制限時間 9 分）

Smartphones

Smartphones are now common devices among people of all ages. People use them not only as communication tools but also as alarm clocks or a research tool. Since **Point ① -1** it's easy to use a smartphone, many people keep using them in bed until they fall asleep. 〈**However**〉, recent research shows that **Point ① -2** using smartphones before going to bed could (1). **Point ① -3** Many people who use cellphones in bed tend to check SNSs, text messages, or read news for hours. 〈**As a result**〉, they cannot get enough sleep at night and feel less energetic during the day and they will suffer from a luck of sleep.

Moreover, electronic devices, including laptop PCs, tablets, cellphones, and TVs, emit harmful light called "blue light." It causes your brain **Point ② -1** to think mistakenly that it's still daytime and to become active even at night. (2), **Point ② -2** it might not be a serious problem if you use your cellphones only during the daytime, but if you use them at night, you will find it difficult to fall asleep.

Point ③ -1 If you already feel you cannot sleep well at night, you should consider (3). Otherwise, when you hear a ringtone, you will be tempted to use it. Thus you will end up staying awake until the middle of the night. Maybe it would be smart of you to use a conventional alarm clock and **Point ③ -2** keep your cellphone in another room at night.

(1)

1 cause financial problems

2 harm your health

3 affect your work efficiency

4 make you sleep well

(2)

1 At last

2 Nevertheless

3 On the contrary

4 Therefore

(3)

1 avoid using a cell phone

2 playing attractive games

3 using a PC instead

4 having a medical checkup

解答のポイント

Point ① 逆接

逆接を表すキーワード（But, However, Nevertheless など）は、前後の＋(プラス) / ー（マイナス）関係を逆にする働きがある！

Point ① -1： スマートフォンは操作が簡単

However

Point ① -2： 寝る前に使うと（健康を害する可能性がある）

（1）の解説

▼プラスの内容→ However →マイナスの内容という流れを考えると、「健康を

害する」という意味の **2 が正解**。

▼ 1もマイナスの内容だが、金銭的な問題は話題が異なるので誤り。

Point ① -3： 空所後の説明「ベッドサイドで携帯電話を長時間使うと、夜眠れず元気がなくなる」もヒント！

Point ② 原因→結果

結果を導くキーワードは、therefore, as a result, thus など。前の内容の結論が後ろに続く。

Point ② -1： 脳は夜でもまだ日中だと勘違いしてしまう。
（したがって）

Point ② -2： 携帯電話の使用が日中だけなら、深刻な問題ではないかもしれない。

（2）の解説

▼カッコの**前は原因、後ろが理由**の関係になっている。

▼「結論」を導くキーワードである **4 が正解**。

Point ③ 言い換え表現

空所を含む文が言い換えられていないか確認する。言い換え表現は直前直後の文とは限らないので、要注意！

Point ③ -1： 夜よく寝られないなら、（携帯電話を避けること）を考えよ！

Point ③ -2： 夜は携帯電話を別の部屋に置いておくのが賢明

（3）の解説

▼空所の前後だけでは答えを絞るのが難しい問題。

▼後ろまで読むと、空所直前の should consider と似た it would be smart of you がある。**→両方とも読者へのアドバイス！**

▼最終文後半の keep your cellphone in another room（携帯電話を別の部屋に置いておくのが賢明）を言い換えた **1 が正解**。

単語

☐ alarm clock 目覚まし時計
☐ tend to ～ ～しがちである
☐ text messages （携帯電話の）E メールを送る
☐ energized 元気である
☐ including ～を含めて
☐ emit ～を発する
☐ active 活発な
☐ thus それゆえ
☐ conventional 従来の
☐ harm ～を害する
☐ during the day 日中
☐ laptop PC ノートパソコン
☐ harmful 有害な
☐ be tempted to ～ ～したい気になる
☐ end up ～ ing 結局～する

和訳

スマートフォン

スマートフォンは今や、全ての年代の人々の間で一般的な道具となっています。コミュニケーションの道具としてだけでなく、目覚まし時計、あるいは研究の道具としても使います。スマートフォンは操作が簡単なので、多くの人々は寝るまでベッドに持って行って使います。しかしながら、最近の研究は寝る前に携帯電話を使うことは、健康を害する可能性があると示しています。ベッド近くで携帯電話を使う人の多くは、SNS や E メール、ニュースアプリなどを何時間も確認する傾向があります。その結果、彼らは夜に十分な睡眠が取れなくなり、日中により元気がなくなり、睡眠不足になるリスクが高まるのです。

さらに、ノートパソコンやタブレット、携帯電話、テレビを含む電子機器は、「ブルーライト」と呼ばれる有害な光を発します。それにより、あなたの脳は夜であってもまだ日中だと勘違いし、活動してしまいます。それゆえ、日中にだけ携帯電話を使用する分には深刻な問題にはならないかもしれませんが、夜間に使用すると、寝るのが困難になってしまうのです。

もしあなたが既に夜よく寝られないと感じているなら、スマートフォンを使わないことを考えるべきでしょう。あなたのスマートフォンは、いつでも電話や携帯メールからの着信が鳴り、あなたはスマートフォンを使いたい衝動にかられます。それゆえ、結局のところ深夜まで起き続けることになるのです。恐らく、従来型の目覚まし時計を使用し、夜は携帯電話を別の部屋に置いておくのが賢明でしょう。

解答と解説

(1) **答え** **2**

選択肢の訳 1 経済的な問題を引き起こす
2 健康を害する
3 仕事の能率に影響を及ぼす
4 よく寝られるようになる

空所補充問題　満点突破の極意

<逆接のキーワードに注目！>
逆接を表すキーワード（but, however など ）はその後の話に要注意！

(2) **答え** **4**

選択肢の訳 1 ついに
2 それでも
3 対照的に
4 それゆえ

空所補充問題　満点突破の極意

<原因→結果の流れの把握>
結果を導くキーワード（Therefore, As a result, That's why など ）に要注意！

(3) **答え** **1**

選択肢の訳 1 スマートフォンを避けること
2 魅力的なゲームをすること
3 代わりにパソコンを使うこと
4 健康診断を受けること

空所補充問題　満点突破の極意

<文章中の言い換え表現に注意！>
離れた文に言い換え表現が含まれているパターンに要注意！

穴埋め問題攻略はいかがでしたか。少しわかってきましたか？ 今度は模擬問題にチャレンジしてみましょう。制限時間は 9 分です。それではスタート！

空所補充型長文 模擬テストにチャレンジ！

問題 1（制限時間 9 分）

The Leaning Tower of Pisa

The most famous building in the Italian city of Pisa is the Leaning Tower of Pisa. It is the bell tower of the Pisa Cathedral and it started to tilt during its construction in the 12th century. (　1　), the building tilted even more but the construction continued and the tower was finally completed in the 14th century.

Everyone who sees the tilting tower must wonder why on earth the tower started to tilt and why it hasn't collapsed. It is said that the tower was built on the ground, one part of which was very soft. That's why it had difficulty supporting a tower of 14,500 tons. It was not until the second floor was completed that people started to (　2　). Although people in those days tried to correct it, they did not succeed. The leaning got worse as the construction project proceeded.

The tilting made the Tower famous, but it has also been (　3　). However, thanks to two decades of efforts by Professor Burland and his team, the tower is still standing. In addition, Mr. Burland helped solve one of the most attractive mysteries in the history of architecture. Nobody at that time knew why a building tilting nearly five meters could still be standing. He solved this mystery by using a special process. This process did not require touching the tower itself, so art historians were pleased with it.

(1)

1 For this reason

2 After that

3 Even so

4 Prior to that

(2)

1 change the structure

2 stop building the tower

3 make the tower lighter

4 notice the tower tilting

(3)

1 a risk for the tower

2 a subject for research

3 a tourist attraction

4 a symbol of the town

単語

□ lean：傾く
□ tilt：傾く
□ on earth：一体全体
□ have difficulty ～ ing：～するのに苦労する
□ It was not until ～ that … ：～して初めて…した
□ leaning：傾き
□ thanks to ～：～のおかげで
□ architectural：建築の
□ bell tower：鐘楼
□ complete：～を完成させる
□ collapse：崩れる
□ proceed：進行する
□ decade：10 年間

和訳

ピサの斜塔

イタリアの都市、ピサで最も有名な建物は、ピサの斜塔です。それは、ピサ大聖堂の鐘楼で、12 世紀の建設中に傾き始めました。それ以後、建物はさらに傾きましたが、建設は継続し、14 世紀についに完成しました。

傾いている塔を見る人は皆、一体全体なぜ塔が傾き始め、なぜ崩れないのか、と思うことでしょう。その塔は、一部分がとても柔らかい土壌の上に建てられたと言われています。そのため、14,500 トンの塔を支えるのは困難だったのです。塔が傾いていることに人々が気付き始めたのは、2 階が完成した後のことでした。当時の人々はこれを修正しようとしましたが、成功しませんでした。建設プロジェクトが進むにつれて、傾斜はさらにひどくなりました。

この傾斜によって塔は有名になりましたが、塔にとっては危険なことです。しかし、Burland 教授と彼のチームの 20 年に渡る努力によって、塔は今も立っています。さらに、Burland 氏は、建築史の中で最も魅力的な謎を解明することに貢献しました。5 メートル近くも傾いている建物がなぜ依然として立つことができるのか、当時は誰もわかりませんでした。Burland 氏は、特別な手法を実行することによって、この謎を解きました。この手法では、塔そのものに接触する必要がなかったので、美術史家たちは喜びました。

解答と解説

(1) 答え 2

選択肢の訳

1 この理由のため

2 その後

3 そうだとしても

4 その前に

解説

空所の前後関係に注目すればすぐに解ける問題。空所の前は「それ（ピサの斜塔）は、12 世紀の建設中に傾き始めた」、後ろには「建物はさらに傾いたが建設は継続され、14 世紀に完成した」とある。**空所の前が先に、空所の後ろが後に起こったことなので、2 が正解**だとわかる。

空所補充問題　満点突破の極意

<出来事の順番を確認せよ>

前に起こった出来事と後に起こった出来事の関係に注目！

(2) 答え 4

選択肢の訳

1 構造を変化させる

2 塔の建設をやめる

3 塔を軽くする

4 塔が傾いているのに気づく

解説

空所の直後の「当時の人々はこれを修正しようとしたが、成功しなかった。」がヒント。これ（=it）が何を指しているのかを考えると、次の文に「傾斜がさらにひどくなった」とあることから、**①塔の傾きに気づき始めた、②これ（塔の傾き）を**

修正しようとした、③それが成功しなかったという流れがわかる。したがって、**4 が正解**。

空所補充問題　満点突破の極意

<指示語の指す内容を明確にする>

指示語（it, this, that など）が何を指しているのかがわかれば解ける問題が多い！

---

(3) **答え** **1**

選択肢の訳

1 塔にとってのリスク

2 研究対象

3 観光名所

4 町のシンボル

解説

空所の前にある逆接の **but に注目！** 前には「この傾斜によって塔は有名になった」とプラスの内容になっているので、but の後ろの空所には**マイナスの内容**が入る。したがって、**1 が正解**だと判断する。空所の主語に当たる **it は the Tower ではなく the tilting「傾き」を指している**のがポイント。

空所補充問題　満点突破の極意

<代名詞は直前の名詞を指すとは限らない>

it が直前の単数名詞を指すとは限らないので要注意！ 文の意味をよく考えることが大切！

今度はいかがでしたか。3 問とも正解できましたか？ それでは次の問題に参りましょう！ 同じく制限時間は 9 分です。

問題 2 (制限時間 9 分)

Digital Natives

Today, young people are often called 'digital natives', which means those who have had technological devices from birth. Unlike the older generations, they study by using technological devices which have many advantages. For example, e-books are lighter than paper books and can be updated easily. Besides, they don't need much space. (1), some people argue that we should use such technology for studying.

Since the late 20th century, researchers have been conducting numerous studies and trying to find the differences between reading on paper and on a screen. In the past, Initial experiments suggested that when people read something on a screen, they read more slowly and remember less than on paper. However, this idea is now changing, as technology has improved and reading on a screen has become more common. Some people even say that paper books will (2) in the near future.

Other studies show that most people still prefer paper books to e-books. They say that these devices have become increasingly user-friendly, but that paper books still have a lot of advantages over e-books. First of all, paper books allow people to concentrate on reading longer. (3), paper books might be better when it comes to studying seriously and effectively.

(1)

1 Because of these qualities

2 Nevertheless

3 Despite the fact

4 However good they are

(2)

1 remain to be used

2 get more popularity

3 be replaced by e-books

4 attract young people

(3)

1 In spite of this

2 Considering these factors

3 Whoever he is

4 What is more

単語

☐ those who：～する人
☐ generation：世代
☐ besides：さらに
☐ experiment：実験
☐ concentrate on：～に集中する
☐ when it comes to ～ ing：～することとなると
☐ unlike：～とは異なり
☐ advantage：長所
☐ study：■ 勉強する、■ 研究
☐ prefer A to B：B より A を好む

和訳

デジタル世代

今日、若い人たちはよく「デジタル世代」と呼ばれます。これは、生まれた時からハイテク機器があった人たち、という意味です。上の世代の人々と違って、デジタル世代はハイテク機器を使用して勉強し、それらには様々な利点があります。例えば、それらは紙の書籍よりも軽く、簡単に更新することができます。さらに、それほどスペースを必要としません。このために、ハイテク機器を使って勉強するべきだ、と主張する人もいます。

20 世紀の後半から、研究者たちは、紙での読書と画面上での読書の違いを発見しようと、たくさんの研究を行ってきました。過去の実験では、画面上で読書をすると、紙で読書する時より読む速度が落ち、記憶もあまり残らないことを示していました。しかし、技術が進み、画面上で読むことが広く一般的になってきた今では、この考え方は変化してきています。近い将来、紙の書籍は電子書籍に取って代わられるだろう、とさえ言う人もいます。

別の研究では、依然としてほとんどの人が電子書籍よりも紙の書籍を好んでいることを示しています。それによると、電子書籍はユーザーフレンドリーになってきていますが、紙の書籍には今なお電子書籍が持っていない多くのメリットがあります。まず、紙の書籍では人々が長時間読むことに集中できます。さらに、紙の書籍を読む時、人々の疲労は少なくなります。それらを考慮すると、真剣に効率的に勉強する時は、紙の書籍がよいかもしれません。

解答と解説

(1) **答え** **1**

選択肢の訳

1 これらの性質のために

2 それでもなお

3 その事実にもかかわらず

4 それらがどれほどよくても

解説

空所の前後の内容を考えてみよう。前は、紙の書籍よりも軽いなど電子書籍のメリットが書かれており、後ろには、ハイテク機器を使って勉強するべきだ、と主張する人がいると書かれている。この2文の関係を考えると**空所の前が「原因・理由」、後ろが「結果」**になっていることがわかるので、**1が正解**と判断する。残りの選択肢はすべて譲歩を表すので、この場合は後ろにマイナスの内容が来るべき。

空所補充問題　満点突破の極意

<因果関係の把握>

文章中で「原因」と「結果」の関係になっている部分に解答があります。

(2) **答え** **3**

選択肢の訳

1 使われたままである

2 より人気を獲得する

3 電子書籍に取って代わられる

4 若者を引きつける

解説

空所の前の文だけでなく、さらにその前の文（第2段落2文目）から読まなければならない問題。第2段落2文目には、画面上で読書をすると速度、記憶が落ちるという**マイナスの内容**が書かれているが、3 文目には、「この考え（画面上で読書をすると速度、記憶が落ちるという考え）は現在変わりつつある」と**プラスの内容**が書かれている。直後の空所を含む文の冒頭には、Some people even say ～「～とさえ言う人もいる」とあるので、**前の文を強調した内容が続く**ことがわかるので、**3 が正解**だとわかる。

空所補充問題　満点突破の極意

<抽象・具体の関係を見抜く>

英文は抽象的なポイントの説明⇒具体例の順で書かれることが多いと覚えておこう！

(3) **答え 2**

選択肢の訳

1 このことにもかかわらず

2 こういった要素を考慮に入れると

3 彼が誰であっても

4 さらに

解説

最終段落の 2 文目後半に「紙の書籍には今なお電子書籍が持っていない多くのメリットがある」とあり、次の 2 文はその具体例が続く。空所の後ろには「真剣に勉強する時は、紙の書籍がよいかもしれない」とまとめが書かれているので、空所には**結論を導く表現が入る**ことがわかる。したがって、**2 が正解**だとわかる。

空所補充問題　満点突破の極意

<因果関係の把握>

「根拠」と「結論」というのも因果関係と考えます。

内容一致型 長文問題、難問攻略法はこれだ！

リニューアルした内容一致問題型長文問題は、A、B の 2 つに分かれており、**A は 230 語程度の E メール問題、B は 350 語程度の英文読解問題**です。

出題される分野は空所補充問題と同様に、**科学＆自然分野の英文が最もよく出題され**ます。次に歴史的内容のものとなっています。

パターンについて確認してみましょう。過去 10 年間のパターンを分析すると以下のようになります。

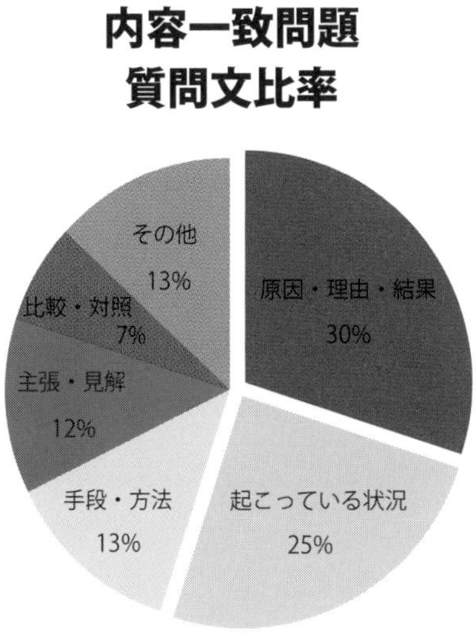

様々な問題のパターンがありますが、**「原因・理由・結果」と「起こっている状況」に関する問題を合わせると半数以上を占める**ことがわかります。

文章を読んでいる途中で、原因・理由を導く Because、The reason is 〜や、結果を導く So、As a result などの**キーワードが出てきたら設問に関連するのではな**

いかと身構えておきましょう。

また、「状況・事実」を答える問題は長文の中に答えが書かれているのですが、**正解の選択肢は本文の表現が言い換えられている**ので、見抜くことができるかがポイントとなります。言い換えを見抜くために必要となるのが**類義語の知識**です。英単語を覚える際には類義語を一緒に覚えてください。

基本的に、設問の順番と文章の流れは一致します。すなわち、1問目は1段落目に手がかりがあり、2問目は2段落に手がかりがあるというような形なので、**1段落を読み終わったら1問解いていくと、時間の無駄なく解くことができます。**

それでは、模擬問題にチャレンジする前に、内容一致型長文問題のスコアアップに直結するテクニックのひとつ、【本文⇔選択肢言い換えトレーニング】をマスターしましょう！

英文読解問題の言い換えパターンはこれだ！

英検2級の内容一致型読解問題は、非常に簡単な問題もありますが、同時にかなり難易度の高いものもあり受験者を悩ませています。その理由は、ハイレベルな問題は、本文の正解に関する情報が、正解の選択肢でかなり**巧みに「言い換え」**られており、答えが発見しにくい一方で、誤答がトリッキーで正解に見えるように作られており、問題制作者の**「ワナ」にはまってしまいやすい**ということです。

そこで、このコーナーでは、正解の選択肢は本文をどのように「言い換え」て作られているのかを知ることによって、より問題を解きやすくなるためのトレーニングを行います。まず「言い換え」には大きく分けて3種類あります。

「言い換え」の3つのパターンはこれだ！

1. 類語言い換えタイプ

語い力がいるが、比較的シンプルでわかりやすい。

2. 行間読み言い換えタイプ

仮定法「～していたら…だったのに→実際はしなかった」のように**情報を「裏返し」**て考える必要のあるもので、**文脈をつかむ読解力**が必要。

3. サマリー・概念化タイプ

何行かに渡る情報をサマリーした選択肢、あるいは**具体例を概念に言い換えた選択肢**（ピアノ、ドラム、ベースから「楽器」に概念化）で、 これも難易度が高い。

読解問題はこの3つのパターンから成っていますが、**難問と呼ばれるものはそれらが複合しています。**そのため、よほど国語力の高い人でないと答えが発見できないということが起こってくるわけです。

これに対して、たいていの人は**「消去法」**を用いて、誤答を省こうとするのですが、これまた本文を巧みに部分的引用して答えらしく見せているのでトリックにはまってしまうのです。多くの場合、選択肢の半分ぐらいが正しく、他の部分が違っていたりしますが、その他にも「主語と目的語を入れ替え」ていたり、因果関係の原因と結果を入れ替えた巧みなトリックもあります。そこで、罠にはまらないようにトレーニングする方法もありますが、それよりもまず、すぐに正解を見つけられるように問題パターンを知ることが重要です。

これから示す正解の「言い換えパターン」は、言い換えのレベルに応じて、初級、中級、上級と紹介していきますが、どんな言い換えをしているかを見てそのパターンを知ると同時に、レベルが上がればどれだけ巧みな言い換えが使われるかを学んでください。

初級レベル言い換えパターン

類語言い換えタイプとは！？

□ I am **available** for **dinner**（夕食に応じられる）

→ I am **free** for **a meal in the evening**（夕食を食べる時間がある）

☞ available を free で、dinner は a meal in the evening で言い換えた程度の簡単な「類語言い換えタイプ」。

□ Another scientist **developed** exactly the same **idea**.（別の科学者は全く同じ考えを展開させた）

→ A scientist **thought of** the same **theory**.（ある科学者は同じ説を考えた）

☞ develop を think of、idea を theory で言い換えた**「類語言い換えタイプ」**で初級レベル。

□ **realize** the **economic importance** of **keeping** the forests **healthy**（森を正常な状態に保つことの経済的な重要性を悟る）

→ **become aware of** the **financial advantages** of **maintaining** the forests（森林保全の経済上の利点を悟る）

☞ realize を become aware of で、economic importance を financial advantages で、keeping ～ healthy を maintaining でトリプル類語言い換えしたタイプでわかりやすい。

☐ **Pleasant** smells can even be used to **cure illnesses**.（心地よい香りは病気を治すために使われることさえある）

→ **Good** smells can be used to **overcome sicknesses**.（よい香りは病気を克服するために使用されることがある）

☞ pleasant を good に、cure を overcome に、illnesses を sicknesses にトリプル**「類語言い換え」**してもわかりやすい簡単な問題。

☐ **provide a source of** wood that **people can use** in the future（将来人々が使える木材を提供する）

→ **increase the amount of** wood **available for human use**（人類が使用可能な木材の量を増やす）

☞ provide a source of を increase the amount of に、people can use を available for human use に言い換えたわかりやすい問題。

行間読み言い換えタイプとは!?

☐ The main **selling point** is that no other 〜 of similar quality is available so cheaply.（主なセールスポイントは、同じ質のものでそんなに安く入手できる〜は他にないことだ）

→ Its low price will **make it popular with customers**.（低価格のため顧客に人気となっている）

☞ selling point（セールスポイント）〜 cheaply から、low price と popular with customers との因果関係を引き出す**「行間読み言い換えタイプ」**は比較的わかりやすい。

複合タイプとは!?

☐ **found** many people **in need of treatment for the illness**（病気の治療が必要な人が多くいるとわかった）

→ **noticed** that many people were **suffering from the illness**（病気に苦しむ人々が多くいると気づいた）

☞ found を noticed で**「類語言い換え」**、in need of treatment for the illness は suffering from the illness の**「行間読み言い換えタイプ」**の複合型だがわかりやすい。

DAY 5

中級レベル言い換えパターン

類語言い換えタイプとは！？

□ **One way to solve the problem** would be to change the sounds into ones less **harmful** to animals.（問題解決への1つの方法は、その音を動物に害の少ない音に変えることだろう）

→ **One solution** may be for humans to make noises that are less **stressful** to animals.（1つの解決策は、人間が動物にストレスをあまり与えない音を出すことだろう）

☞ way to solve the problem を solution で言い換え、harmful を stressful と言い換えたやや難レベルの問題。

□ have **given little consideration** to its **potential use in medicine**（将来の医学利用への考慮がほとんどされてこなかった）

→ have **paid little attention** to its **medical possibilities**（医学上の可能性への注意をほとんど払ってこなかった）

☞ give consideration を pay attention に、potential use を possibilities に言い換えた**「類語言い換えタイプ」**は普通レベル。

□ The battle was **a turning point** in the war.（その戦いは戦争の転機となった）

→ The battle had **a great influence** on the result of the war.（その戦いは戦争の結果に大きな影響を与えた）

☞ a turning point を a great influence という形で言い換えた問題だが、turning point の意味がわからないと解答がやや難しい。

行間読み言い換えタイプとは！？

□ we can offer ～ **at lower prices than other suppliers**（他の仕入先より我々は安い価格で～を提供できる）

→ you will be able to **save money**（お金を節約できるだろう）

☞「より安い」ということは「節約になる」と言い換えた**「行間読み言い換えタイプ」**はやや難。

☐ More and more forests are being cut down each year to **provide land for farming**.（農地を提供するために毎年ますます多くの森林が伐採されている）

→ People are **turning forest land into farms.**（人々は林地を農地に変えつつある）

☞主語を入れ替え、さらに provide land for farming を turn forest land into farms と言い換えた**「行間読み言い換えタイプ」**の問題で、やや難しい。

☐ The energy they use is **not affected by weather conditions**.（彼らが使うエネルギーは気象状況に影響されない）

→ provide a **constant supply** of energy（エネルギーを絶え間なく供給する）

☞ not affected by weather conditions（天候の影響を受けない）を constant supply に**「行間読み言い換えタイプ」**の言い換えをしている中級レベルの問題。

複合タイプとは！？

☐ **is planning to** introduce a policy of serving more fresh vegetables **in the cafeteria**（食堂で新鮮な野菜をもっと提供する方針を導入する計画です）

→ **wants to** use more fresh vegetables **in school meals**（食堂で新鮮な野菜をもっと使いたい）

☞ is planning to から want to の**「類語言い換えタイプ」**、さらに in the cafeteria から in school meals の**「行間読み言い換えタイプ」**が複合されており、やや難。

☐ **People are divided between** those who want to **preserve them** and those who don't.（それらを残したい者と残したくない者に分かれている）

→ **People have different opinions about what to do with them**.（それらをどう対処すべきかについて人々は異なる意見を持っている）

☞ people are divided between を people have different opinions で**「言い換え」**し、preserve them を what to do with them で**「概念化」**した複合型。

上級レベル言い換えパターン

行間読み言い換えタイプとは!?

□ Only the animals that **matched** their environments **survived**.（環境に合致した動物だけが生き残った）

→ Animals **died out** when they **did not fit** their environments.（環境にフィットしないとき、動物は死滅した）

☞ match を did not fit、survive を die out と裏返して言い換えた**「行間読み言い換えタイプ」**の問題で、レベルが高い。

□ He **had** first **thought of** the theory **20 years earlier**, but he **delayed making it public**.（彼が初めてその説を考えたのは20年前だったが、公表するのは先に延ばした）

→ **Before publishing** his theory, he spent years collecting evidence to support it.（彼の説を公表するまでに、それをサポートするエビデンスを集めるのに何年も費やした）

☞ had thought of his theory の過去完了、delayed making it public の過去形で表現した時制のズレを Before publishing（公表する前に）と言い換えた**「行間読み言い換えタイプ」**で難レベルの問題。

複合タイプとは!?

□ **It causes the body to reject them** after the operation（それにより手術後、体が拒絶反応を起こすことになる）

→ **It is responsible for problems** after some operations.（それが手術後に起こる問題の原因である）

☞ cause を responsible for で**「類語言い換え」**し、the body to reject them という「拒絶反応」を problems で概念化した**「サマリー・概念化タイプ」**の問題で上級レベル。

☐ She **wondered if you would be interested** in **making a donation**.（彼女はあなたが寄付をすることに興味があるだろうかと思っていた）

→ She **wants** the company to **give some money** to ～.（彼女は会社にお金を寄付してほしいと思っている）

☞ I wonder if you can [are interested in] ～は遠回しに依頼するときに用いる表現で**「行間読み言い換えタイプ」**、これに make a donation を give some money でパラフレーズした「複合型」で、上級レベル。

☐ **asked** companies to **give** their **abandoned research and unused drugs for free**（会社に中断された研究や使用されなかった薬を無償で与えてくれるよう依頼した）

→ **got** companies to **donate work** on drugs they decided not to sell（販売しないことに決めた薬の研究を会社に提供させた）

☞ asked ～ to V、give ～ for free や research を、それぞれ got ～ to V、donate（寄付する）、work で言い換え、abandoned research（中断された研究）や unused drugs（使用されなかった薬）は decided not to sell で、「行間読み言い換えタイプ」をした複合型はレベルが高い。

言い換え問題　満点突破の極意

読解問題は行間を読んで推論する力が重要です！

さて、いかがでしたか。このように巧みに言い換えられているので、読解問題が難しい訳です。しかし、そのカラクリがつかめれば、問題はかなり解きやすくなるでしょう。

それでは今度は、実際に内容一致型長文問題にチャレンジして頂きましょう！

練習問題（制限時間 13 分）

The History of Fast Food

There are many famous fast-food restaurants around the world. Among them, White Castle is known as the world's first fast-food restaurant, which was founded by Walt A. Anderson and Billy Ingram in 1921. **Point①** In those days, hamburgers were not as popular as they are today, partly because of the influence of a movie that showed the poor hygienic practices of the meat packing industry.

Point②-1 In order to change this negative public perception, Anderson and Billy made a lot of efforts. **<For example>**, they decided their restaurants should be in small buildings. They also had employees wear clean uniforms so that they could give their customers a sense of cleanliness. **<As a result>**, **Point②-2** their restaurants became very popular and the company spread into Midwestern markets.

White Castle's success is clearly attributed to the exceptional abilities of the founders. **Point③-1** Anderson invented the kitchen assembly line, which made it possible to standardize the food quality, and replace cooks easily. **Point③-2** Because of this innovation, customers can now receive the same products and services at modern fast-food restaurants. Ingram, on the other hand, had a brilliant business sense and was responsible not only for White Castle's financial success but for the popularization of the hamburgers.

Point④-1 **<However>**, after a series of succeses, a lot of competitors started to appear and imitate their business model. **Point④-2** Many of them even used very confusing names just by merely replacing "White" or "Castle" with other names. Many people went to such restaurants by mistake, causing financial losses to White Castle. Despite this hardship, White Castle never created its own franchise. Therefore, even though it is a successful company, there are only a few hundred White Castle outlets, **Point⑤** mainly located in the Midwest, Kentucky, and Tennessee.

(1) In the early 20th century, people

1 went to fast-food restaurants frequently.

2 did not eat as many hamburgers as today.

3 accepted White Castle as the only fast-food restaurant.

4 thought White Castle had problems with hygiene.

(2) What is the reason for White Castle's success?

1 It made uniquely-shaped hamburgers.

2 Its founders changed the public viewpoint.

3 A movie featured fast-food restaurants.

4 Popular advertisements made a fast-food boom.

(3) One of the White Castle's founders

1 focused on improving the skills of the cooks.

2 did not agree with the other founder's opinion.

3 created the basis for the current fast-food restaurants.

4 made popular advertisements for fast-food.

(4) Why was White Castle in trouble?

1 People lost interest in White Castle.

2 Some restaurants offered food at lower prices.

3 Most employees did not have strong motivation.

4 Many restaurants used similar names.

(5) Which of the following statements is true?

1 The sales of White Castle have been decreasing since its competitors appeared.

2 White Castle is no longer a successful company because its founders died.

3 There are a small number of White Castle outlets in some areas of the U.S.

4 No other companies can imitate White Castle's inventions.

解答のポイント

Point ① 設問と本文の言い換え

英検 2 級レベルの問題では、本文で出てきた表現がそのまま正解の選択肢に使われていることはほとんどない！

Point ①: 当時、ハンバーガーは今日ほど人気がなかった。

（1）の解説

▼設問の In the early 20th century（20 世紀初頭）が、第 1 段落 2 文目の in 1921、続く In those days の**言い換え表現**であることに注意！

▼第 1 段落 3 文目の内容を言い換えた **2 が正解**。

Point ② 段落のまとめ

段落の内容がまとめられた選択肢が正解というパターンの問題が、時々出題される！

Point ② -1: この否定的な大衆の認識を変えるために、Anderson と Billy は多大な努力をした。

2 文目：For example,+ 前の文の具体例

Point ② -2: その結果、レストランは大人気になった（**大衆の認識を変えた**）

（2）の解説

▼ **For example** や **As a result** といったキーワードに注目しながら、設問の **success に関連した内容**を探す。

▼「大衆の認識を変える努力をした」→その結果、「大人気となった」という流れから、**大衆の認識を変えることに成功した**と考えると **2 が正解**だとわかる。

▼ perception と viewpoint は単語の言い換え。

Point ③　2 文のまとめ

2 文をまとめた選択肢が正解というパターンの問題。1 文だけを追っていても正解にたどり着かない！

Point ③ -1：　Anderson はキッチンの流れ作業を発明した。

Point ③ -2：　このイノベーションに基づき、現代のファストフード店では同じ製品やサービスを受けられる。

(3) の解説

▼設問の One of the White Castle's founders(White Castle の創設者の 1 人）は、第 3 段落 2 文目の **Anderson を指している**。

▼続きを読むと、Anderson が kitchen assembly（キッチンの流れ作業）を発明したとある。

▼ **kitchen assembly** が 3 文目では **this innovation** と言い換えられており、このため、顧客は現代のファストフード店で同じ製品やサービスを受けられるとある。

▼これら 2 つの文をまとめた **3 が正解**。

Point ④　単語の言い換え

単語の言い換えは定番中の定番問題！単語を覚える際には類語を一緒に覚えよう！

Point ④ -1：しかしながら、一連の成功の後、多くの競合他社が現れ、彼らのビジネスモデルを真似し始めた。

Point ④ -2：その多くは非常に紛らわしい名前を使うことさえした。

(4) の解説

▼設問に in trouble とあるので、本文から**マイナスの内容**を探す。

▼ However, after a series of successes,（しかしながら、一連の成功の後、）の後に**マイナスの内容**が来る可能性を察知する。

▼ **confusing names** を **similar names** と言い換えた **4 が正解**。

Point ⑤　裏返し問題

本文に書かれている内容を裏返した選択肢が正解という、トリッキーなタイプの問題。これが正解できれば、読解満点も夢ではない！

Point ⑤：White Castle は主に中西部やケンタッキー、テネシーにある。

(5) の解説

▼本文に書かれている内容を裏返した選択肢を選ぶ問題。

▼「主に中西部やケンタッキー、テネシーに位置する」＝「**White Castle はアメリカの一部の地域にわずかにあるだけである**」と考え **3 が正解**だと判断する。

単語

- □ found　～を設立する
- □ partly　一部としては
- □ hygienic practice　衛生上の慣習
- □ meat packing industry　精肉産業
- □ public perception　大衆の認識
- □ so that ～　～するように
- □ Midwestern　中西部の
- □ attribute O_1 to O_2　O_1 の原因は O_2 のためだとする
- □ exceptional　類まれな
- □ assembly line　組み立て工程
- □ standardize　～を標準化する
- □ replace　～を取り換える
- □ on the other hand　他方で
- □ brilliant　素晴らしい
- □ be responsible for ～　～に責任がある
- □ a series of ～　一連の～
- □ competitor　競合相手
- □ imitate　～を真似る
- □ merely　単に
- □ franchise　（ファストフード店などの）チェーン加盟権
- □ outlet　小売店

和訳

ファストフードの歴史

世界中にはたくさんの有名なファストフードのレストランがあります。その中で、White Castle は、世界初のファストフードレストランとして知られており、Walt A. Anderson と Billy Ingram によって 1921 年に設立されました。当時は、精肉産業の不衛生な慣習を示した映画の影響もあり、ハンバーガーは今日のような人気はありませんでした。

この否定的な大衆の認識を変えるために、Anderson と Billy は、多大な努力をしました。例えば、お客様に清潔な印象を持ってもらうために、レストランを小さいビルにし、従業員には清潔な制服を身に着けさせました。その結果、彼らのレストランは大人気となり、その会社は中西部の市場に広がりました。

White Castle の成功は明らかに設立者の類まれな能力によるものでした。Anderson は、食品の品質を標準化し、簡単に料理人をかえることができるキッチンの流れ作業を発明しました。このイノベーションに基づいて、お客様は、現代のファストフードレストランで、同じ料理とサービスを受けることができるようになりました。一方 Ingram は、素晴らしいビジネスセンスがあり、White Castle の金銭的な成功だけでなく、ハンバーガーの普及にも貢献しました。

しかし、一連の成功の後、多くの競合店が現れ、彼らのビジネスモデルを真似し始めました。「White」や「Castle」を置き換えただけの紛らわしい名前を使うものも多くありました。多くの人々は、間違ってそのようなレストランに出かけるようになり、White Castle は財務上の損失を被りました。このような困難にもかかわらず、White Castle はどのレストランにもチェーン加盟権を与えませんでした。したがって、成功した企業ではあったものの、White Castle の店舗はわずか何百ほどしかなく、それらは主に中西部、ケンタッキー、テネシーに位置しています。

解答と解説

(1) **答え** **2**

選択肢の訳 20 世紀前半、多くの人々は

1 頻繁にファストフード店に出かけていた。

2 今日ほど多くのハンバーガーを食べていなかった。

3 White Castle を唯一のファストフード店だと受け入れていた。

4 White Castle は衛生上の問題があると思っていた。

読解問題　満点突破の極意

<数字の言い換え表現に注意！>

本文中の数字は、しばしば選択肢で形を変えて言い換えられます！

---

(2) **答え** **2**

選択肢の訳 White Castle の成功の要因は何ですか。

1 独特の形をしたハンバーガーを作っていた。

2 創業者たちが一般大衆の見方を変えた。

3 映画がファストフード店を取り上げた。

4 人気のコマーシャルがファストフードブームを作り上げた。

読解問題　満点突破の極意

<段落要旨の攻略>

文単位ではなく段落全体のまとめが正解となる問題に注意しましょう！

---

(3) **答え** **3**

選択肢の訳 White Castle の創業者の 1 人は、

1 料理人のスキル向上に焦点を当てていた。

2 もう 1 人の創業者の意見に同意していなかった。

3 現在のファストフード店の基盤を築いた。

4 ファストフードの人気の広告を作った。

読解問題　満点突破の極意

<2文をまとめた選択肢に注意！>
1文だけ読んでも正解の選択肢が見つからない場合は、2文がまとめられている可能性を考えましょう！

---

(4) **答え** **4**

選択肢の訳　なぜ White Castle は苦境に陥ったのですか。

1 人々は White Castle への興味を失った。

2 一部のレストランがより安い価格で食べ物を提供した。

3 ほとんどの従業員は強い意欲を持っていなかった。

4 多くのレストランが似た名前を使った。

読解問題　満点突破の極意

<単語の言い換え表現>
本文中の単語は選択肢では言い換えられている場合が多いので、類語の知識を身につけましょう！

---

(5) **答え** **3**

選択肢の訳　以下の記述のうち正しいものはどれですか。

1 White Castle の売上は、競合他社が現れてから減少し続けている。

2 White Castle は、創業者が亡くなったためもはや成功した会社ではない。

3 アメリカの一部の地域で White Castle の支店はわずかしかない。

4 White Castle の技術革新を真似できる企業はない。

読解問題　満点突破の極意

<裏返し表現を見抜く>
本文の内容を間接的に言い換えた選択肢に注意しましょう！

さて、それでは次の問題にチャレンジしましょう！ 制限時間は9分です。

問題 3（制限時間 9 分）

From: Tommy Zeller <tommy-blueriver@whitemail.com>
To: Becky Hogan <bec-hog@skymail.com>
Date: August 27
Subject: Schedule Change

Dear Ms. Hogan,

Thank you for using Riverside Gym over the past three years. I am glad you decided to continue your membership this year. I am writing to you because the operating time of our gym will be changed from next month. The current operating hours are from 8 a.m. to 9 p.m., but from next month, we will operate from 10 a.m. to 11 p.m. This is because there are only a few customers early in the morning, while it is very crowded at night. A lot of customers have actually said that we close so early that they cannot use our services after work. We apologise if this change inconveniences you, but as I see you mainly at night, I guess you'll be pleased with this change.

By the way, as of October 1, I will be transferred to the gym in Brown Leaf Town. I have really enjoyed being your personal trainer over the past two years. Mr. Millar will be my successor and he says he wants to meet you and say hello. I'd like you to stop by at the office next time you visit us. When you visit Brown Leaf Town, please feel free to drop in on me. Thank you very much for your continued membership.

Sincerely,
Tommy Zeller

(1) Why is Mr. Zeller writing to Ms. Hogan?

1 He wants her to come to the gym early in the morning.

2 He needs to know if she will continue to be a gym member.

3 He wants to announce a new schedule for next month.

4 He called her several times but could not reach her.

(2) What problem does the Riverside Gym have?

1 The building is so old that it needs to be moved to another building.

2 Some training machines are old and unattractive to users.

3 Most customers do not like to go to the gym after work.

4 Many customers are not satisfied with the current operating hours.

(3) Mr. Millar

1 will be Ms. Hogan's new personal trainer.

2 will move to Brown Leaf Town on October 1.

3 wants Ms. Hogan to use a personal trainer system.

4 has been her personal trainer over the past two years.

単語

☐ over the past ～ years　過去～年にわたって
☐ operating time　営業時間
☐ feel sorry　申し訳なく思う
☐ transfer　転勤させる
☐ greet　～に挨拶する
☐ only a few　ほんのわずかな
☐ as of　～時点で
☐ successor　後任者

和訳

送信者：Tommy Zeller <tommy-blueriver@whitemail.com>
宛先：Becky Hogan <bec-hog@skymail.com>
日付：8月27日
件名：スケジュール変更

Hogan様
この3年間、Riversideジムをご利用いただき、ありがとうございます。今年も会員継続を決定いただき、大変うれしく思います。本日メールを差し上げましたのは、来月から当ジムの営業時間が変更になることをお知らせするためです。現在の営業時間は午前8時から午後9時までですが、来月からは午前10時から午後11時までとなります。これは、午前中の早い時間帯はお客様が非常に少なく、夜は大変込み合うためです。実際に多くのお客様が、当ジムが早く閉館するために仕事帰りに利用することができないとおっしゃっています。Hogan様がこの変更を快く思われないとしたら、申し訳なく思いますが、私たちはHogan様を夜に多くお見かけしておりますので、この変更を喜んでいただけると思っています。
ところで、私は10月1日付けで、Brown Leaf町のジムに転勤になります。この2年間Hogan様のパーソナルトレーナーとして、本当に楽しく過ごしてまいりました。私の後任となるMillar氏は、Hogan様にご挨拶したいと申しております。次に当ジムに来られる時に、オフィスに立ち寄っていただけますでしょうか。また、Brown Leaf町に来られる時は、ぜひ私たちのところに立ち寄ってください。Hogan様の会員のご継続に心から感謝いたします。
敬具
Tommy Zeller

解答と解説

(1) **答え** **3**

選択肢の訳 なぜ Zeller さんは Hogan さんにメールを書いているのですか。

1 彼女にジムに朝早くに来てもらいたい。

2 彼女がジムの会員を継続するかどうか知る必要がある。

3 来月の新しいスケジュールを知らせたい。

4 彼女に何度か電話をかけたが、つながらなかった。

解説

タイトルの Schedule Change がヒント。第 1 段落 3 文目で、**来月からジムの営業時間が変更される**ことがわかるので、**3 が正解**だと判断する。2 は、第 1 段落 2 文目より今年もジムの会員を継続することになったとあるので、誤り。1 と 4 は本文に記載なし。

読解問題　満点突破の極意

<タイトルの確認>

E メール問題では、タイトルが解答に直結する場合があるので、必ずチェックしましょう！

(2) **答え** **4**

選択肢の訳 Riverside ジムの問題点は何ですか。

1 建物がとても古いので、別の建物に移る必要がある。

2 一部のトレーニングマシーンが古く、利用者にとって魅力的ではない。

3 ほとんどの客は仕事帰りにジムに行くのが好きではない。

4 多くの客は現在の営業時間に満足していない。

解説

設問は問題点に関連するので、本文の中から該当する部分をキャッチ。第 1 段落 6 文目「実際に多くのお客様が、当ジムが早く閉館するために仕事帰りに利用することができないとおっしゃっています。」より、多くの客が現在の営業時間に不満を言っていたことがわかるので、**ここが問題点に当たると判断し**、これを「現在の営業時間に満足していない」と言い換えた**4が正解**。このように、**設問にproblemと書かれているからと言って本文にもproblemと書かれているとは限らない**こと、**否定語を用いて本文の内容を言い換える選択肢があること**に注意する。3は、仕事帰りにジムを利用したいと思っている客が多いので、誤り。1と2は本文に記載なし。

読解問題　満点突破の極意

< NOTを逆用した選択肢>
NOTの有無を利用した言い換え表現に要注意！

(3) **答え** **1**

選択肢の訳 Millarさんは、

1 Hoganさんの新しいパーソナルトレーナーになる。

2 10月1日にBrown Leaf町に引っ越す。

3 Hoganさんにパーソナルトレーナーシステムを利用して欲しい。

4 過去2年間にわたってパーソナルトレーナーを務めている。

解説

第2段落3文目で、MillarさんがZellerさんの後任としてHoganさんのパーソナルトレーナーを務めることがわかる。**successor「後任者」をnew personal trainerと言い換えた1が正解**。2、4は、いずれもZellerさんに関する内容なので誤り。また、Hoganさんはすでにパーソナルトレーナーシステムを利用しているので、3は明らかに誤り。

読解問題　満点突破の極意

<難単語の言い換え>
本文中のレベルが高めの単語は正解の選択肢で言い換えられることが多いのです！

問題 4（制限時間 12 分）

The effect of expressing anger

A lot of people say they get angry easily. In fact, perhaps you have seen people getting angry with someone who comes only a few minutes late to a meeting or people screaming at a staff member for a small mistake. While it is widely known that laughter is closely related to your health, how about anger? Expressing such negative emotions is sometimes said to help relieve stress. However, is it really an effective way to improve health?

Unlike laughter, getting angry does not relieve stress. All negative emotions are actually very risky and there is nothing you can gain from them. For example, people cannot make clear and positive choice when they get angry. They will become short-sighted and are more likely to make wrong decisions. Moreover, according to research, people who frequently get angry are more likely to die early.

When people get angry, they feel stressed, and their bodies produce cortisol, a kind of hormone. If you're in danger, it is very helpful because it helps your body to prepare for a fight. However, if you suffer from daily stress that produces much of the hormone, you have to be very careful. You are more likely to suffer from illness. Laughter, on the other hand, is the best medicine. It improves your health and protects you from disease.

However, in general, the older we grow, the less we laugh. Instead, as we grow older, we tend to get angry more often. Anger causes further pain and anger, damaging your health. Rather than getting angry, we should laugh and create harmony in our life. For people who think they get angry easily, the key is to take a few deep breaths and think about what's going on, and whether it's worth getting angry about. They will become aware that most problems are trivial and should be ignored.

(1) Some people believe that expressing anger
1 will help them to get rid of stress.
2 happens less frequently as we get older.
3 is related to a bad lifestyle.
4 is beneficial to other people.

(2) If people have negative emotions,
1 they sometimes get positive results.
2 they tend to make more mistakes.
3 they cannot make decisions instantly.
4 they have a greater risk of losing friends.

(3) When a lot of cortisol is produced,
1 it increases the amount of stress.
2 it reduces the amount of stress.
3 it is helpful in our daily lives.
4 it is harmful to our health.

(4) What is important for people who frequently get angry?
1 To reduce the amount of stress by exercising.
2 To realize most things are not so important.
3 To make fun of others and laugh a lot.
4 To create a good environment within the family.

単語

☐ scream at　～に向けて叫ぶ
☐ effective　効果的な
☐ laughter　笑い
☐ frequently　頻繁に
☐ cortisol　コルチゾール
☐ emotion　感情
☐ unlike　～とは異なり
☐ short-sighted　視野の狭い
☐ be likely to ～　～しがちである
☐ suffer from　～を患う
☐ the+ 比較級～ , the+ 比較級…　～すればするほど…
☐ tend to ～　～しがちである
☐ rather than　～よりむしろ
☐ trivial　些細な
☐ further　さらなる
☐ whether　～かどうか
☐ ignore　～を無視する

和訳

怒りを表現する影響

多くの人々は、すぐに腹が立つと言います。実際にあなたは、会議にほんの数分遅れて来た人に対して怒ったり、小さなミスを理由にスタッフに怒鳴ったりする人を見たことがあるかもしれません。笑うことは健康に密接なつながりがあるということは広く知られていますが、怒ることはどうでしょうか？ このような否定的な感情を表現することは、ストレス解消になると言われることもあります。しかし、これは本当に健康的になる効果的な方法なのでしょうか？

笑いと違って、怒ることはストレス解消になりません。すべての否定的な感情は、実は非常に危険であり、得るものは何もありません。例えば、人々は怒っている時は、明確で建設的な選択をすることができません。視野が狭くなり、誤った決定をしがちです。さらに、研究によると、よく怒る人は、より早く亡くなる傾向があると言われています。

人々が怒る時、ストレスを感じ、身体の中ではコルチゾールというホルモンが作られます。あなたが危険に直面しているならば、それはとても役立ちます。なぜなら、それによって身体は戦いの準備をするからです。しかし、日常的なストレスを感じて、そのホルモンがたくさん生産されるのであれば、大いに注意しなければなりません。病気にかかりやすくなります。一方、笑いは、最良の薬です。笑いは健康を高め、病気を防いでくれます。
しかし、一般的に私たちは成長するにつれて、あまり笑わなくなります。その代わりに、成長するにつれて、怒ることが多くなりがちです。怒りはさらなる苦痛や怒りを引き起こし、健康を害します。怒りではなく、笑いと調和を生活にもたらすべきです。すぐに腹が立つと思っている人々は、少し深呼吸をして、何が起こっているのか考え、そしてそれが怒るべきことなのかどうか考えることが重要です。ほとんどの問題は些細なことで、無視する方がよいことだとわかるでしょう。

解答と解説

(1) **答え** **1**

選択肢の訳　一部の人が信じていることには、怒りを表現することは

1 ストレスを取り除く手助けとなる。

2 年を取るにつれて頻度が減る。

3 悪い生活習慣と結びつけられる。

4 他者に利益をもたらす。

解説

第1段落4文目に「このような否定的な感情を表現することは、ストレス解消になると言われることもある。」とあるため、**1が正解**だとわかる。設問の**Some people「一部の人」と本文のsometimes「時々」の言い換え**に注意！また、選択肢のget rid ofはremoveの言い換えとなっている。2は最終段落1文目に「しかしながら、一般的に我々は成長するにつれて、より笑わなくなる。」とあるが、怒りについては特に言及がないので誤り。3は第1段落3文目のlaughing is closely related to your healthと同じ動詞を使ったひっかけ。4は本文に言及なし。

読解問題　満点突破の極意

<全体・一部の混同に注意！>
主語が一部の人なのか全ての人なのかを確認することが大切！

(2) **答え** **2**

選択肢の訳 もし人々が否定的な感情を持っていたら、

1 時には好ましい結果を得る。

2 より間違える傾向がある。

3 即座に決断をすることができない。

4 友人を失うリスクが増える。

解説

一般常識に照らして考えると、どの選択肢も正解に見えるかもしれないが、第2段落4文目に「視野が狭くなり、誤った決定をしがち」とあるので、**2が正解**。1は、第2段落2文目に「何も得るものはない」とあるので、不正解。その他の選択肢は全て本文に言及がないので誤り。あくまで**本文に書かれているかどうかで正解の選択肢を判断しなければならない**。

読解問題　満点突破の極意

<一般常識で判断しない>

本文に書かれていないものは不正解！

一般常識につられてはいけない！

(3) **答え** **4**

選択肢の訳 大量のコルチゾールが生産されるとき、

1 それはストレスの量を増やす。

2 それはストレスの量を減らす。

3 それは日常生活において役に立つ。

4 それは健康に有害である。

解説

「コルチゾール」というキーワードがあるので、第3段落2文目以降に注目する。第3段落3文目に「日常的なストレスを感じて、そのホルモン（コルチゾール）がたくさん生産されるのであれば、大いに注意しなければならない。」とあり、次の文に「より病気にかかりやすくなる」とあるので、**harmful for our health「健康に有害な」と言い換えた4が正解**。1はコルチゾールの生産がストレスを増大させるわけではなく、ストレスを感じるとコルチゾールが生産されるので、**原因と結果が逆になっている**。2と3はプラスの内容になっているので、瞬時に誤りと判断すべき。

読解問題　満点突破の極意

<原因・結果の混同に注意！>
原因と結果が逆になっている選択肢に要注意！
本文と選択肢をよく確認しよう！

---

(4) **答え** **2**

選択肢の訳　頻繁に怒る人には何が重要ですか。

1 運動をすることによってストレスの量を減らすこと。

2 たいていの物事はあまり重要ではないと気づくこと。

3 他人をからかってたくさん笑うこと。

4 家族内に良好な環境を作ること。

解説

最終段落5文目に「すぐに腹が立つと思っている人々は、少し深呼吸をして、何が起こっているのか考え、そしてそれが怒るべきことなのかどうか考えることが重要だ。」とあり、次の文に「ほとんどの問題は些細なことで、無視する方がよいことだとわかるでしょう。」とある。**この2文をまとめた2が正解**。すぐに怒る人は笑うことが重要だと考え、funという単語が含まれる3を選んではダメ！ make fun ofは「～をからかう」という意味のイディオム。4は「家族内」と限定しているため、誤り。

読解問題　満点突破の極意

<本文と同一の単語に注意！>
本文と全く同じ単語が使われている選択肢は不正解の可能性が高い！

いかがでしたか？ 読解問題攻略のコツはつかめてきましたか？ それでは最後にもう1問チャレンジしてみましょう！

問題 5（制限時間 14 分）

Language change

Looking back on history, we can see that every language has been changing constantly. For example, in the 18th century, when the industrial revolution occurred, language changed greatly. If you learn old English, you will be surprised how different it is. Nowadays, however, language is changing more rapidly than before due to technological advances that cause more and more people to move from one country to another. Therefore, language change is in a sense something natural.

However, some people say that language change is a negative trend. According to a newspaper article in the UK, a lot of teachers are concerned that their students use too much slang at school. They say the problem is that a lot of students are unable to tell the difference between standard English and slang. Another piece of research shows that almost half of the teachers think children' s grammatical skills are worse than before. Some people even say that language change is like a disease because we can 'catch' new phrases and this 'pollutes' the language.

Donald MacKinnon, a former professor at Edinburgh University, created six categories about language change: correct or incorrect, socially acceptable or unacceptable, and pleasant or ugly. For example, some people see the growth of slang in our language as 'ugly.' In other cases, when grammar changes because of slang, it is usually considered to be incorrect. However, sometimes these changes are accepted and used generally. Nowadays, the word 'Google' is also used as a verb. We often say, "If you don't know the meaning of this word, why don't you google it?" In this case, language change can be considered an evolution.

In any case, what's important is to think about using language which does not offend others. For example, when you talk to an elderly person, he or she might feel uncomfortable to hear slang. As internationalization is expanding, we should consider what language is suitable for different situations.

(1) Language change

1 started in the 21st century.

2 is not something new.

3 has been gradually decreasing.

4 was rarely seen in the past.

(2) According to a newspaper article in the UK,

1 many teachers think that students don't have to use standard English.

2 many teachers are worried that students don't read newspapers.

3 many students cannot distinguish standard English from slang.

4 many students are unable to speak standard English at all.

(3) What is one reason why language change is considered an evolution?

1 The government officially announces new words.

2 Short words are convenient to use.

3 Companies such as Google invent new words.

4 A majority of people start to use new words.

(4) When you use a language,

1 you should use slang so that you can make friends easily.

2 not only standard English but every slang word should be accepted.

3 grammatical errors are not as important as many teachers think.

4 it is important to avoid language which makes others feel bad.

(5) Which of the following statements is true?

1 Unlike today, most students in the 18th century did not use slang.

2 Donald MacKinnon created six categories so that slang could be accepted.

3 Some slang words could become a part of standard language.

4 Slang is grammatically incorrect and is not accepted publicly.

単語

☐ looking back on ～　～を振り返ると
☐ industrial revolution　産業革命
☐ rapidly　急速に
☐ from one ～ to another　ある～から別の～へ
☐ in a sense　ある意味
☐ be concerned that ～　～について心配する
☐ slang　スラング
☐ former　以前の
☐ acceptable　受け入れられる
☐ evolution　進化
☐ offend　～の気分を害する
☐ constantly　絶えず
☐ greatly　大いに
☐ trend　傾向
☐ catch　（病気など）にかかる
☐ category　カテゴリー
☐ ugly　醜い
☐ in any case　いずれの場合も

和訳

言語の変化

歴史を振り返ると、すべての言語は絶えず変化してきていることがわかります。例えば、18 世紀に産業革命が起こった時、言語は著しく変化しました。古い英語を学べば、それがどれほど違うものか知って驚くことでしょう。しかし最近では、技術進歩のために言語はかつてないほど急速に変化しています。技術進歩のおかげで、人々はある国から別の国へどんどん移動するようになっています。したがって、言語の変化は、ある意味自然なことです。

しかし、言語の変化は否定的な傾向だと言う人もいます。イギリスの新聞記事によると、多くの教師が、生徒が学校でスラングを使うことがあまりに多くなっていることについて心配しています。教師たちは、多くの生徒が正式な英語とスラングの違いがわからなくなっていることが問題であると言っています。別の調査は、ほぼ半数の教師が、子供たちの文法能力が以前よりも劣っていると思っていることを示しています。私たちは新しい表現に「感染し」、このことが言語を「汚す」ので、言語の変化は病気のようであるとさえ言う人もいます。

エジンバラ大学の元教授である Donald MacKinnon 氏は、言語の変化のカテゴリーを 6 つ作りました。正しいもの、正しくないもの、社会的に受け入れられるもの、受け入れられないもの、心地よいもの、不快なもの、です。例えば、言語の中にスラングが増殖することを「不快な」こととみなす人もいます。また他の例では、スラングのために文法が変化すると、それは、通常正しくないと考えられます。しかし、このような変化は、一般に受け入れられ、使われる場合もあります。最近は、「グーグル」という言葉は、動詞としても使われます。「この単語の意味がわからなければ、ググってみたらどうですか?」とよく言います。この場合、言語の変化は進化と考えられます。

いずれにしても、重要なことは、他の人の気分を害さないような言葉使いを考えることです。例えば、あなたが年配の人に話す時、その人はスラングを聞くと、不快に感じるかもしれません。国際化が進む中で、私たちは状況に合わせた言語を考えなければなりません。

解答と解説

(1) **答え** **2**

選択肢の訳　言語の変化は

1 21 世紀に始まった。

2 新しいものではない。

3 徐々に減ってきている。

4 以前はめったに見られなかった。

解説

言語の変化について書かれている部分は第 1 段落 1 文目で、「すべての言語は絶えず変化してきている」とある。**has been changing constantly を not something new と言い換えた 2 が正解**。1 と 4 は最近始まったという意味になるので誤り。また、3 は第 1 段落 4 文目に「言語はかつてないほど急速に変化している」とあるため、誤り。

読解問題　満点突破の極意

<時制を変えた言い換え表現に注意！>

正解の選択肢は本文で書かれている時制とは異なることがあるので要注意！

(2) **答え** **3**

選択肢の訳　イギリスの新聞記事によると、

1 多くの教師は生徒が正式な英語を使う必要はないと考えている。

2 多くの教師は生徒が新聞を読まないことを心配している。

3 多くの生徒は正式な英語とスラングを区別することができない。

4 多くの生徒は正式な英語を全く話すことができない。

解説

第2段落2文目に「イギリスの新聞記事によると、」とあり、ここから本問に関係する内容が始まると考えよう。そして続く3文目に「教師たちは、多くの生徒が正式な英語とスラングの違いがわからなくなっていることが問題であると言っている」とあるので、**3が正解**。本文の **tell the difference が distinguish と言い換えられている**点に注意すること。その他の選択肢は本文に言及なし。

読解問題　満点突破の極意

<特徴的な名詞に注目！>

固有名詞や特徴的な名詞に注目すると素早く解答に直結する箇所を特定できます！

(3) **答え** **4**

選択肢の訳　言語の変化が進化だと考えられる理由の一つは何ですか。

1 政府は正式に新語を発表する。

2 短い単語が使いやすい。

3 グーグルのような会社が新語を発明する。

4 多数の人々が新語を使い始める。

解説

第3段落4文目に「しかし、このような変化は、一般に受け入れられ、使われる場合もある」とあり、次にその例として、google という名詞が最近では動詞として使われていると書かれている。そして、最終文に「この場合、言語の変化は進化と考えられる。」とあることから、**「言語の進化」＝「言語の変化が大衆に受け入れられる場合」と考え、4 が正解**と判断する。答えの根拠の間に具体例が挟まれている難問。

読解問題　満点突破の極意

<結論を導くキーワード>
結論を導くキーワードの直後は設問に関連した内容がよく来ます！

---

(4) **答え** **4**

選択肢の訳　言語を使用するときに、

1 友達を簡単に作れるように、スラングを使うべきである。
2 正式な英語だけでなく、全てのスラングも受け入れられるべきである。
3 文法上の間違いは多くの教師が考えるほど重要ではない。
4 他者の気分を害する言語を避けることが重要である。

解説

最終段落 1 文目に「いずれにしても、重要なことは、他の人の気分を害さないような言葉使いを考えることだ。」とあるので、**4 が正解**。本文中の **offend という動詞が選択肢では make others feel bad と言い換えられている**ことに注目。1 と 3 は本文に言及がなく、2 は第 3 段落の google が動詞として使われる例のようにスラングが受け入れられる場合もあるものの、「全て」ではないため誤り。

読解問題　満点突破の極意

<全て・ゼロの表現には要注意！>
全て（All, Everything, Always）やゼロ（No, Nothing, Never）を含む選択肢には要注意！ ほとんど不正解です！

(5) **答え** **3**

選択肢の訳 以下の記述のうち、正しいのはどれですか。

1 今日とは異なり、18 世紀の大半の生徒たちはスラングを使わなかった。

2 Donald MacKinnon はスラングが受け入れられるように 6 つのカテゴリーを作った。

3 一部のスラングは正式な言語の一部になる可能性がある。

4 スラングは文法的に不正確で、大衆に受け入れられることはない。

解説

第 3 段落後半の「初めは Google という単語が名詞で使われていたが、動詞として使われるようになった」という**具体例を言い換えた 3 が正解**。選択肢に含まれる could のように、some、sometimes、may など**断定を避けた表現が使われている選択肢は正解となることが多い**。第 3 段落 4 文目に「しかし、このような変化は、一般に受け入れられ、使われる場合もある。」とあるため、4 は明らかに誤り。1 は本文に言及がなく、2 は Donald MacKinnon が 6 つのカテゴリーを作ったのは事実だが、スラングが受け入れられるようにするためとは書かれていないため、目的の部分が誤っている。

読解問題　満点突破の極意

<部分的に間違っている選択肢>
一見正解のように見えても「目的」や「理由」の部分が間違っている選択肢がよくあります！

さて、以上で読解問題の難問攻略トレーニングは終了です。いかがでしたか？ また日を改めて再チャレンジしながら攻略法を会得しましょう！ それでは、明日に向かって英語の勉強を―

Let's enjoy the process!（陽は必ず昇る！）

6日目

リスニング

↓動画視聴はこちら

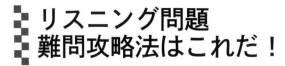

リスニング問題
難問攻略法はこれだ！

英検 2 級のリスニング問題とは？

英検 2 級のリスニング問題は、CSE スコアで 650 点満点で、**1 次試験全体の 3 分の1**を占めます。これは、語い・読解問題、エッセイライティング問題と同じ比率で、そのスコアは、それらのセクションと同様、**合否のカギを握る重要なファクター**です。

リスニングの**合格者平均素点は、30 点満点で 26 点**、つまり、リスニングパートの正答率は約 87% と全体的に非常に高いわけです。合格のためには 8 割ぐらいは得点して欲しいセクションと言えます。

どんな形式の問題！？勉強法は？

リスニング問題には、**対話型とパッセージ型**問題の 2 種類があります。それぞれ 15 問ずつ合計 30 問で、約 25 分のテストです。こういったリスニング問題に慣れていない人にとっては、25 分間集中して聞き続けるというのは簡単なことではありません。そこで、毎日**できれば 30 分、少なくとも 15 分**ぐらいは、継続して英語のリスニングトレーニングを行うことが大切です。そのために、英検 2 級の過去問や NHK のネット（ラジオ）放送など、英語学習者向けに作られた教材で**英語を聞くことを習慣化**しておきましょう。

では、対話式リスニング問題を分析した後、その攻略法を述べながら、満点・高得点突破のためのスコア UP トレーニングを行いましょう。

リスニング問題　満点突破の極意

合格のためには
毎日 15 分は英語を聞く習慣を！

対話型リスニング問題、攻略法はこれだ！

対話型リスニング問題を大解剖！

英検２級の対話型リスニング問題は他のセクションと比べると比較的簡単ですが、前述のように受験者の平均スコアが高いので、最低８割、できれば９割はゲットしてほしいものです。そのためには、まずは問題の傾向を知り、その上で打開策を講じたり、対策トレーニングを行う必要があります。

そこで最近の英検で出題された対話問題を、登場人物、頻出トピック、質問パターン、正答パターンの見地から分析すると次のようになります。

「お店と客」や「ファミリー同士」の会話が最も多い！

対話の登場人物は誰か、またその場面を把握しておくと情景を思い浮かべやすくなります。

1. **お店と客**―お店の店員やレストラン・ホテルスタッフや旅行会社窓口など多岐に渡る。リスニング問題全体の**約３割**。
2. **ファミリー同士の会話**―夫婦、親子、兄弟などで夫婦が最も多く、全体の**約３割**。
3. **友人（職場を除く）同士の会話**―学生同士の会話を含み全体の**約２割**。
4. **職場での会話**―同僚同士、上司と部下などで全体の**約１割**。

DAY6

トピックは「日常生活」に関するものが最も多い！

よく出題されるトピックは主に次のように身近な話題が多いです。会話は２人でセリフは4つです。

1. 日常生活関連	おすすめのお店、買い物、忘れ物、配達依頼など。 全体の**約３割**
2. 家庭関連	家族へのプレゼントの相談、引越し、帰宅時間など。 全体の**約２割強**
3. ビジネス関連	仕事の依頼、新しい上司、荷物の配達など。 全体の**約２割**

4. 余暇関連	旅行の計画、映画のチケット購入、スポーツなど。 全体の**約 1 割**
5. その他	**教育関連、乗り物・交通関連、医療・健康関連、メディア関連**

質問パターンは「なぜ」「何をするか」が最も多い！

質問文は 10 語前後くらいでパターン化されています。

1. 行動・理由	次に何をするか、まず何をするか、なぜ～するかなど。 全体の**約 5 割**を占める。
質問文パターン	"What will the man probably do next?" "What is one reason ~?" など。
2. 問題点	困っていること、心配していることなど。 全体の**約 2 割**。
質問文パターン	"What is the woman's problem?" "What is she worried about?" など。
3. 意見	登場人物の意見をきく。全体の**約 1 割**。
質問文パターン	"What is one thing the man says (about ～) ?" "What does he think?" など。
4. その他	**依頼・要求、発見内容、提案**がある。

正答パターンは「サマリー・類語言い換え」が非常に多い！

「サマリー・一般型」と**「類語言い換え型」**がほとんどで、**行間読み型**は全体の **2 割弱**です。「類語・言い換え」の場合は、the Internet を online に、it's cheaper を it costs less に、busy を crowded に、no room available を full に言い換えたりします。（5 日目の「英文読解問題の言い換えパターンはこれだ！」（123 ～ 129 ページ）参照）

このように、問題のパターンを知ることによって、問題に対する "readiness"（心の準備と備え）が高まり、どういったトレーニングをしたらいいかが見えてきます。それでは今度は対話型リスニング問題攻略法について述べて行きましょう。

対話型リスニング問題攻略法はこれだ！

対話型リスニング問題の流れはいかに！？

まず、**男女 2 人の会話 2 往復**を聞きます。その後、**設問が英語で読まれ**ます。**問題用紙に書かれた 4 つの選択肢**から正しいものを 1 つ選びます。1 人のセリフは 1 文か 2 文がほとんどですが、答えの根拠となる部分をうっかり聞き逃さないように要注意！ また、**出だしの部分で状況や場面をつかむことが大切**です。これに失敗すると、全体的に何の話をしているのか理解できなくなってしまいます。

全般的な対話型リスニング問題攻略法

問題は 1 回しか流れません。万一聞き逃してしまった場合、考え込んでしまうと次の問題も聞き逃すという悪循環に陥るのが最も危険です。わからない問題は潔く諦めてさっとマークし、**次の問題に備えるのが賢明**です！

また、キーワードに着目しながら聞くことがリスニング攻略のカギとなります。特に、**①誰が何をしたのか、②言動の理由、③時制や話題の変化を表すキーワード**に集中して聞きましょう！

ところで、設問は問題用紙には書かれていませんが、**選択肢を先読み**することで、どんな質問がくるか**だいたいの見当をつけることができます**。

選択肢パターンから「問題・答え」を予測！

選択肢には次のようないくつかのパターンがあります。これを把握しておくと解答がグーンと楽になります。

- どれも A place that ～の場合は「**場所**」に注意して聞く。
- 3 つが He was traveling ～ , He will move to ～ , He will be visiting ～
  ⇒「**どこに行く（行った）**」という質問。
- 3つが、She likes ～、She wants to ～、Her favorite ～ is ～
  ⇒「彼女が**好きなこと**」という質問。
- 3つが、They should not ～、They must not ～、They cannot ～
  ⇒「**してはいけないこと**」という質問。

このように、コツをつかめばだいたいの問題は予測できます。**ポイントに焦点を絞って聞き取り**、素早く解いて次の選択肢に目を通す余裕ができれば満点も夢ではないでしょう。

リスニング問題　満点突破の極意

選択肢の先読みで問題予測！
余裕を持って問題を解ければ満点も狙える！

では次に、実践問題を通してその攻略法をみていきましょう。まずは英検２級で頻出の、「電話での対話」リスニング問題からチャレンジしていただきましょう。

① 電話での対話リスニング問題

Track 01

1 Order pencils and scissors.
2 Call back Glenn Office Supplies.
3 Visit the Glenn Office Supplies' website.
4 Talk about the discount.

まずは選択肢を見て、何に注意して聞けばいいかを予測してみてください。
いかがですか？ それでは、スクリプトと攻略法を確認して行きましょう。

スクリプト

★ This is Glenn Office Supplies. How may I help you?

☆ Hi. I'd like to order eight black pencils and three pairs of scissors.

★ Actually, if you buy ten pencils or more, you can get 10% off. This special sale is for only this week.

☆ Oh, that's nice. **Point** Then, I'll tell my boss about the discount and call you back soon.

Question：What will the woman do next?

答え 4

対話型リスニング問題　満点突破の極意

英検 2 級のリスニング問題では、よく「次の行動」が問われます！ 会話をよく聞き、行動の順序を間違えないように注意！

Point　行動の順序に注意！

▼**選択肢が動詞の原形ではじまっている場合、「次に何をするか」が問われる**と予測して聞く！

▼選択肢 1 と 2 は、上司と割り引きについて話した後に取る行動なので、「**次にする行動**」としては不適切。**時制に注意！**

▼女性が最後に「上司と割り引きについて話す」とあるので **4 が正解**。

和訳

★ Glenn オフィス文具店です。何をお求めでしょうか。

☆ こんにちは。黒の鉛筆を 8 本とはさみを 3 つ注文したいのですが。

★ 実は、鉛筆を 10 本以上買うと 10% の割り引きが適用されます。この特別なセールは今週限りです。

☆ あら、それはいいわね。それなら上司に割り引きについて伝えてすぐにかけ直します。

質問：女性は次に何をしますか。

選択肢の訳

1 鉛筆とはさみを注文する。

2 Glenn オフィス文具店に折り返し電話をする。

3 Glenn オフィス文具店のウェブサイトを見る。

4 割り引きについて話す。

次は、頻出の「知り合いとの対話」問題にチャレンジしましょう。

②知り合いとの対話リスニング問題

Track 02

1 She cannot eat Chinese food.

2 She may not find the restaurant.

3 She does not want to walk from the station.

4 She has already booked another restaurant.

いかがですか？ 選択肢から聞き取るべきポイントは何かを考えてみましょう。では、スクリプトと攻略法を確認してみましょう。

スクリプト

☆ Dan, my uncle is coming to see me this weekend and we will have dinner together. Do you know a good restaurant?

★ Yes, Karen. The Chinese restaurant near my house is very popular.

☆ Is it far from the station? I don't want to get lost.

★ Well, it takes about ten minutes on foot. If you like, I can draw a map.

Question : Why is Karen worried?

答え 2

対話型リスニング問題　満点突破の極意

リスニングでは理由を尋ねる問題が最もよく出ますが、Because のようなキーワードがあるとは限らないので要注意！

Point 「問題点・懸念事項」

▼**選択肢から、「問題点・懸念事項」**が問われていることがわかる。

▼しかし、設問に why があるからといって **because があるとは限らない**！

▼「道に迷いたくない」→「レストランを見つけられないかもしれない」と**言い換えた 2 が正解**。

和訳

☆　ダン、私の叔父がこの週末に来て、一緒に夕食を食べるのよ。いいレストランを知っているかしら。

★　知っているよ、カレン。自宅近くの中華料理店がとても人気だよ。

☆　駅から遠いの？ 道に迷いたくないわ。

★　ええと、徒歩で 10 分くらいだね。もしよければ地図を書いてもいいよ。

質問：なぜカレンは心配しているのですか。

選択肢の訳

1 彼女は中華料理が食べられない。

2 彼女はレストランを見つけられないかもしれない。

3 彼女は駅から歩きたくない。

4 彼女はすでに別のレストランを予約した。

それでは、対話型リスニング模擬問題にチャレンジしてみましょう！

対話型リスニング 模擬テストにチャレンジ！

No .1

Track 03

1 He took a math test.

2 He overslept.

3 He didn't feel good.

4 He missed the train.

No.2

Track 04

1 She doesn't like vegetables.

2 She recommended this restaurant to her friends.

3 She will not order today's special.

4 She has come to the restaurant before.

No.3

Track 05

1 Study abroad.

2 Travel around the world.

3 Work at a company.

4 Graduate from college.

No.4

Track 06

1 Buy some cake at a cake shop.

2 Eat some cake in the park.

3 Talk with her son's classmates.

4 Work at a cake shop.

No.5

Track 07

1 He has to leave the hotel now.

2 He has a meeting to attend today.

3 He will search for the woman's bag.

4 He found the woman's bag.

No.6

Track 08

1 It is far from the nearest station.

2 It does not offer a nice view.

3 It has no air conditioning.

4 It has no electricity.

No.7

Track 09

1 She cannot drive very well.

2 It is good for the environment.

3 The road is very busy.

4 The gas prices are high.

No.8

Track 10

1 He does not like dogs.

2 He cannot take care of the dog.

3 He wants to go to a pet shop.

4 He has no problem with handling dogs.

No.9

Track11

1 Take a piano lesson.

2 Go shopping with Jake.

3 Have a party for Mr. Johnson.

4 Do her homework at home.

No.10

Track 12

1 He has broken the new copy machine.

2 He cannot use the new copy machine.

3 He needs to make a copy now.

4 He forgot to attend the meeting.

No.11

Track 13

1 He cannot watch the movie tonight.

2 He does not want to see a movie.

3 The ticket is very expensive.

4 He cannot go shopping in the city.

No.12

Track 14

1 It was so delicious.

2 She wanted to eat fish.

3 The menu was changed.

4 She did not like it.

No.13

Track 15

1 She will get a lost item.

2 She will pick up a best seller.

3 The book she wants is available.

4. The new bookstore is excellent.

No.14

Track 16

1 Go to a gym.

2 Run in the park.

3 Take some rest.

4 Go to see a movie.

No.15

Track 17

1 Business.

2 Math.

3 Science.

4 Literature.

どうでしたか？ それでは、スクリプトと解説を確認しましょう！

（★はやさしめ、★★は普通～やや難しい、★★★は難しい）

No.1 答え 3（★★）

Track 03

スクリプト

☆ Hi, Steve, why did you miss the class yesterday?

★ Well, I **had a headache yesterday morning**, so I got some rest at home.

☆ Oh, really? Are you OK now?

★ Yes. I'm fine today. Maybe I was very tired from studying for the math test last week.

Question : Why was Steve absent from class yesterday?

和訳

☆ スティーブ、なぜ昨日は授業を休んだの？

★ **昨日の朝は頭痛がしたから**、自宅で休んでいたんだ。

☆ あら、本当？ 今は大丈夫なの？

★ うん。今日は元気だよ。たぶん、先週の数学のテスト勉強でかなり疲れていたんだと思う。

質問：なぜスティーブは昨日授業を欠席したのですか。

選択肢の訳

1 彼は数学のテストを受けた。

2 彼は寝坊した。

3 彼は具合がよくなかった。

4 彼は電車に乗り遅れた。

解説

missed the classをwas absent from classで言い換えていることがわからないと解きにくい。**時を表すキーワード "yesterday morning"に着目する。**スティーブの1つ目の発言に、I had a headache yesterday morning「昨日の朝、頭痛がした」とあるので、「体調不良」で休んだことがわかる。したがって、**正解**

の 3 を選ぶ。1 の数学のテストは、先週のことなので誤り。

対話型リスニング問題　満点突破の極意

＜時を表すキーワード＞
時を表すキーワードの前後に「答え」あり！

No.2 **答え** **3**（★★）　　Track 04

スクリプト

★　Welcome to Sunset Beach Restaurant. Have you decided on your order?

☆　Well, I heard your restaurant has a special menu. What is today's special?

★　Today's special is fried fish, crab salad and mashed potatoes with a drink. It's $80 in total.

☆　That sounds great, **but I'd rather have something cheaper.** Could you wait for a while?

Question : What is one thing the woman says?

和訳

★　Sunset Beach レストランにようこそ。ご注文はお決まりになりましたか。

☆　ええと、このレストランには特別メニューがあると聞きました。今日の特別メニューは何ですか。

★　今日の特別メニューは魚のフライ、カニサラダ、そしてマッシュポテトにドリンクがついております。合計で 80 ドルになります。

☆　それはおいしそうね。**でも、もっと安いものがいいわ**。もう少し待っていただけるかしら。

質問 : 女性が言っていることの 1 つは何ですか。

選択肢の訳

1 彼女は野菜が好きではない。

2 彼女はこのレストランを友人に勧めた。

3 彼女は今日の特別料理を注文しない。

4 彼女は以前そのレストランに来たことがある。

解説

選択肢 1 と 3 から「しない事」を探す必要があることが推測できる。そこまでわかれば「女性のレスポンス」がポイントであることがすぐにわかる。質問は女性が言っていることに関してなので、男性の 2 つ目の発言に注目する。男性が今日の特別料理を紹介しているのに、女性が **but** I'd rather have something cheaper「でも、もっと安いものがいいわ」と**「逆接＋意見」**を述べているので **3 が正解**。

対話型リスニング問題　満点突破の極意

＜逆接のキーワード＞
逆接の表現（But や However）の後ろに、Answer part あり！ 最大限の注意を！

No.3 **答え** 1 （★★）

Track 05

スクリプト

☆ Hi, Anderson. Are you buying something for your overseas trip? You said you are going to travel all over the world.

★ Well, I've decided to do that sometime next year. **I'm planning to study overseas this year.**

☆ That's great! Where are you going?

★ I haven't decided yet, but I want to go somewhere in Europe.

Question : What will Anderson do this year?

和訳

☆　こんにちは、アンダーソン。海外旅行の物を買っているの？ 世界中を旅行すると言っていたわね。

★　ええと、それは来年のいつかにすることに決めたんだ。**今年は留学する予定なんだ。**

☆　それはいいわね。どこに行くの？

★　まだ決めていないんだけど、ヨーロッパのどこかに行きたいと思っているんだ。

質問：アンダーソンは今年、何をしますか。

選択肢の訳

1 海外で勉強する。

2 世界中を旅行する。

3 会社で働く。

4 大学を卒業する。

解説

設問は今年にすることなので、**誤って来年のことを選ばないように！** ここでも、**時を表すキーワード（this year）**に注目して聞く必要がある。ジェーンが1つ目の発言で Are you buying something for your overseas trip?「海外旅行の物を買っているの？」と尋ねているのに対し、アンダーソンは I've decided to do that sometime next year.「それは来年のいつかにすることに決めたんだ。」と言っているので、2は不正解。直後の I'm planning to study overseas this year.「今年は留学する予定なんだ。」という発言から、 **1が正解**。

対話型リスニング問題　満点突破の極意

＜場面の変化＞
先に起こった内容（動作）と後に起こった内容（動作）の順番に要注意！

No.4 **答え** 1 (★)　　Track 06

スクリプト

★ Hi, Mom. Do you know a new cake shop opened next to the park?

☆ Oh, really? That's news to me. Did you see it?

★ Yes. Some of my classmates said the cakes there are so delicious. Mom, I want to eat some.

☆ OK. **I'll go to a supermarket this evening, so I'll buy some on my way back home.**

Question : What will the woman do this evening?

和訳

★ ねえ、お母さん。公園の隣に新しいケーキ店がオープンしたって知ってる？

☆ あら、そうなの。聞いたことないわ。見たの？

★ うん。クラスメートの何人かはケーキがとてもおいしいって言っていたよ。お母さん、僕も食べたいな。

☆ わかったわ。**今晩スーパーマーケットに行くから、帰りに買うわね。**

質問：女性は今晩何をしますか。

選択肢の訳

1 ケーキ店でケーキを買う。

2 公園でケーキを食べる。

3 彼女の息子のクラスメートと話す。

4 ケーキ店で働く。

解説

選択肢から**「何をするか」**についての問題であることがわかる。女性の最後の発言 I'll go to a supermarket this evening, so I'll buy some on my way back home.「今晩スーパーマーケットに行くから、帰りに買うわね。」に注目。**指示語 some が、前に出てきた「ケーキ」を指していることを見抜くのがポイント。時を表す語句（this evening）**にも注目すると、**1 が正解**だとわかる。

対話型リスニング問題　満点突破の極意

＜指示語の指す内容＞
指示語（it, this, that など）が何を指しているのかを見抜くことが大切！

No.5 **答え** **4（★★）**　　Track 07

スクリプト

★ Ring Stone International Hotel. How may I help you?

☆ Yes. I think I've left my handbag in my room. The room number is 415. Did you find it?

★ Yes, **we have it**, madam. You can come to collect it, or if you like, we can send it to your address.

☆ There are documents for today's meeting in the bag. So, I'll come and get it right now.

Question : What is one thing the man says?

和訳

★ Ring Stone International ホテルです。何かご用件はございますか。

☆ はい。自分の部屋にハンドバッグを忘れてきたと思います。部屋の番号は 415 号室です。見つけましたか。

★ はい、**保管しております。**こちらに取りに来ていただいても構いませんし、よろしければご自宅へお送りすることもできますよ。

☆ バッグの中には今日の会議の資料が入っているのです。なので、今から取りにいきます。

質問：男性が言っていることの 1 つは何ですか。

選択肢の訳

1 彼は今、ホテルを出なければならない。

2 彼は今日、出席する会議がある。

3 彼は女性のかばんを探す。

4 彼は女性のかばんを見つけた。

解説

男性の最後の発言に Yes, we have it, madam.「はい、保管しております。」を「見つけた」と判断して **4 が正解**。これも**指示語を見抜くタイプの問題で**、it は女性のハンドバッグを指している。会議に出席するのは女性なので、2 は誤り。

対話型リスニング問題　満点突破の極意

＜一瞬で行間を読む＞
「見つけた」⇔「保管している」、「締め出しを食う」⇔「部屋に鍵を置き忘れた」のように、瞬間的に情報を裏返せるようにしよう！

No.6 答え 3（★★）　　Track 08

スクリプト

★ So, I really recommend this cottage. You can enjoy a nice view, and the access is good.

☆ What about the facilities?

★ It has electricity but **no system for cooling or drying the air.** But it is not so hot or cold this season, so I don't think it's a problem.

☆ I see. Then, I'll rent this cottage.

Question: What is one problem with the cottage?

和訳

★　なので、私はこのコテージをお勧めします。素晴らしい景色が楽しめ、交通の便もよいです。

☆　設備についてはどうですか。

★　電気は通っていますが、**部屋を涼しくしたり湿度を減らしたりするシステムがありません。**でも、この時期はあまり暑くも寒くもありませんので、問題ないかと思います。

☆　なるほど。では、このコテージを借ります。

質問：コテージの問題点の1つは何ですか。

選択肢の訳

1 最寄りの駅から遠く離れている。

2 よい景色を提供しない。

3 エアコンが完備されていない。

4 電気が通っていない。

解説

男性の最後の発言に、It has electricity but no system for cooling or drying the air.「電気は通っていますが、部屋を涼しくしたり湿度を減らしたりするシステムがありません。」とあるので、それを言い換えた**3が正解**。電気とエアコンに関する**対比された内容**を聞き逃さないようにすること。

対話型リスニング問題　満点突破の極意

＜対比される内容に注意＞
「AはあるがBはない」といった対比が出てきたら、問題に関連する可能性大！ 特にBが重要！

No.7 **答え** **3** （★★★） Track 09

スクリプト

★ Hi, Marissa. Why have you come to the office so early today?

☆ Hi, Austin. I've decided to take a train to work. That's why I got here earlier than before.

★ I know what you mean. **The morning traffic is so heavy around here.**

☆ Exactly. Now I'm free from stress and I can concentrate on my work.

Question : Why has Marissa decided to take the train?

和訳

★ やあ、マリッサ。どうして今日はこんなに早くオフィスに来たんだい？

☆ あら、オースティン。電車で仕事に来ることに決めたのよ。そういう訳で、以前より早く来れるようになったの。

★ どういう意味だかわかるよ。この辺りの朝の道路はとても混んでいるもんね。

☆ その通りよ。今はストレスから解放され、仕事に集中できるわ。

質問：なぜマリッサは電車に乗ることに決めたのですか。

選択肢の訳

1 彼女はあまり上手く運転ができない。

2 それは環境によい。

3 道路がとても混んでいる。

4 ガソリンの値段が高い。

解説

選択肢1、3、4から「何らかの問題点」が質問のポイントであることがわかるのでそれを、キャッチしに行けば楽になる。オースティンの最後の発言はThe morning traffic is so heavy around here.「この辺りの朝の道路はとても混んでいるもんね。」で、それに対してマリッサがExactly.「その通りよ。」と同意している。そのため**3が正解**。マリッサに関する設問だが、**オースティンの発言が解答の根拠になっている点に注意！**

DAY6

対話型リスニング問題　満点突破の極意

＜意見の一致・不一致に着眼＞
話し手は賛成なのか、反対なのかをつかもう！

No.8 **答え** **2**（★★★）　Track 10

スクリプト

☆ Honey, I was asked to take care of Ms. Baker's puppy. She is going to travel abroad next week.

★ But **I come back home late every day.** Do you think you can handle it?

☆ No problem. I am not so busy with work now. So I can take care of it most of the time.

★ Oh, thank you very much!

Question : What is one thing the man says?

和訳

☆ あなた、ベーカーさんの小犬の世話をするように頼まれたわ。彼女は来週海外旅行に行くのよ。

★ でも、**僕は毎日帰りが遅いよ。君は面倒を見られるかい？**

☆ もちろんよ。今は仕事があまり忙しくないから、たいていは面倒が見れるわ。

★ ありがとう！

質問：男性が言っていることの１つは何ですか。

選択肢の訳

1 彼は犬が好きではない。

2 彼は犬の面倒を見ることができない。

3 彼はペットショップに行きたい。

4 彼は犬の世話は問題ない。

解説

選択肢 1、2、4 から、「何らかの問題があるかないか」が質問のポイントであることがわかる。男性の 1 つ目の発言に、But I come home late every day.「でも、僕は毎日帰りが遅いよ。」とあるので、「行間」を読んで**正解の 2** を選ぶ。男性が「世話ができるか」と尋ねたのに対して、女性が No problem.「もちろんよ。」と答えていることから、世話が問題ないのは男性ではなく女性なので、4 は間違い。**男女の「行動や発言の対比」**が述べられている場合は、男女を混同しないように注意すること！

対話型リスニング問題　満点突破の極意

＜男女の対比に注意する＞
「行動や発言の対比」が述べられている場合は、男女を混同しないように注意！

No.9 **答え** **1**（★） Track 11

スクリプト

★ Hi, Linn, have you heard that Mr. Johnson is quitting our school?

☆ Who said that? I don't believe it.

★ So I'm thinking about giving him a present. Can we go shopping together today?

☆ Come on, it can't be true! Besides, **I have a piano lesson today.**

Question : What will Linn probably do after the conversation?

和訳

★ リン、ジョンソン先生が学校を辞めるって聞いた？

☆ 誰がそんなこと言ったの。嘘に決まっているでしょう。

★ それで、彼にプレゼントをあげることを考えているんだ。今日、買い物に行けるかい？

☆　いい加減にして。本当な訳がないでしょう。それに**今日はピアノのレッスンに行くのよ。**

質問：リンはこの会話の後、おそらく何をするでしょうか。

選択肢の訳

1 ピアノのレッスンを受ける。

2 ジェイクと買い物に行く。

3 ジョンソン先生のためにパーティーを開く。

4 家で宿題をする。

解説

選択肢から**「次の行動」**に関する問題であると予測できる。ジェイクが最後の発言で Can we go shopping together today?「今日、買い物に行けるかい？」と尋ねたのに対して、リンが I have a piano lesson today.「今日はピアノのレッスンに行くのよ。」と言っているので、**1 が正解**。この問題の場合、「レッスンがある」→「レッスンを受ける」とすぐにわかるので簡単だが、もう少し行間を読む必要がある問題も出題されるので要注意！

対話型リスニング問題　満点突破の極意

＜行動予測問題対処法＞
行動を予測する問題は「行間を読む」必要がある場合があるので要注意！

No.10 **答え** **2（★★）**　　Track 12

スクリプト

★　Hanna, **do you know how to use this new copy machine?**

☆　I don't know, Rick, but the IT staff will come to teach us this afternoon.

★　Well, I have to attend a business meeting then. Could you show me how it works tomorrow?

☆ Sure. I'm free in the morning tomorrow.

Question : What problem does the man have now?

和訳

★ ハンナ、この**新しいコピー機の使い方を知っているかい?**

☆ 知らないわ、リック。でもIT担当の人が今日の午後に教えに来てくれるわよ。

★ うーん、ビジネス会議に出席しなければならないんだ。明日、使い方を教えてくれないかな。

☆ もちろんよ。明日は午前中が空いているわ。

質問：男性はどんな問題を持っていますか。

選択肢の訳

1 彼は新しいコピー機を壊した。

2 彼は新しいコピー機を使うことができない。

3 彼は今、コピーを取る必要がある。

4 彼は会議に参加し忘れた。

解説

選択肢1、2、4から**「問題点・トラブル」**が質問のポイントであることがわかる。これを予測していればこの問題に対処しやすいが、そうでない場合も、男性の1つ目の発言 Hanna, do you know how to use this new copy machine?「ハンナ、この新しいコピー機の使い方を知っているかい?」に注意するとよい。一瞬で行間を読んでメッセージを「裏返し」、**2**を選ぶ。このような**難問タイプに対処するには1文目から集中して聞く**ことが大切で、その意味で、選択肢から問題のポイントがわかれば非常に有利となる。

対話型リスニング問題　満点突破の極意

<ポイント予測と1文目の聞き取りが重要>
難問タイプに対処するには、選択肢から問題のポイントを予測し、1文目から集中して聞くことが大切！

No.11 答え 1（★）

Track 13

スクリプト

☆ West Corner Theater. How may I help you?

★ Hello. I'd like to buy two tickets for tonight's show, "Top of the mountain".

☆ Sorry, **tonight's tickets are sold out,** but tickets for tomorrow are available.

★ I see. Then, I'll ask my friend and call you back later.

Question : What problem does the man have?

和訳

☆ West Corner 劇場です。ご用件は何でしょうか。

★ こんにちは。今夜上演の『Top of the mountain』のチケットを 2 枚買いたいのですが。

☆ 申し訳ございませんが、**今夜のチケットは売り切れました。**でも、明日のチケットはまだ購入可能です。

★ わかりました。では、友人に聞いて後ほど折り返します。

質問：男性はどんな問題を持っていますか。

選択肢の訳

1 彼は今晩、映画を見られない。

2 彼は映画を見たくない。

3 チケットがとても高い。

4 彼は街へ買い物に行くことができない。

解説

これも選択肢から、何らかの「問題点」が質問のポイントであることがわかる。男性の 1 つ目の発言に I'd like to buy two tickets for tonight's show「今夜上演のチケットを 2 枚買いたいのですが。」とあり、それに対して女性が Sorry, tonight's tickets are sold out.「申し訳ございませんが、今夜のチケットは売り切れました。」と答えている。この内容を「今晩、映画を見ることができない」と言い換えた **1 が正解。**

対話型リスニング問題　満点突破の極意

＜言い換えれた選択肢を見抜け！＞
正解の選択肢は、ほとんどの場合、会話中の表現が言い換えられているので要注意！

No.12 答え 4（★★）

Track 14

スクリプト

★　How was the dinner at Elm's Restaurant, Shelly?

☆　I enjoyed it a lot. The salad was delicious, and the staff were very polite.

★　I totally agree with you. I also loved the steak. Didn't you like it?

⍰　**Well... I prefer slightly tougher meat.**

Question：What does the woman say about the steak?

和訳

★　Elm's レストランの夕食はどうだった、シェリー。

☆　とても楽しめたわ。サラダはおいしかったし、スタッフはとても丁寧だったわ。

★　僕もそう思うよ。僕はステーキも気に入ったよ。気に入らなかったかい?

☆　**もう少し固い肉の方が好きなんだけど。**

質問：女性はステーキについて何と言っていますか。

選択肢の訳

1 それはとてもおいしかった。

2 彼女は魚を食べたかった。

3 メニューが変更された。

4 彼女はそれが気に入らなかった。

解説

選択肢 1、2、4 から彼女の**「好み」**が質問のポイントであることが予測できる。男性の最後の発言に I also loved the steak. Didn't you like it?「僕はステーキも気に入ったよ。気に入らなかったかい?」とあり、シェリーが I prefer slightly tougher meat.「もう少し固い肉の方が好きなんだけど。」と答えているので、**「不満」**を表した **4 が正解**。

対話型リスニング問題　満点突破の極意

<肯定／否定のレスポンスを素早く判断する>
コメントを求められた話し手が、肯定的（賛成・好き）なのか、否定的（反対・嫌い）なのかを素早く判断しよう！

No.13 **答え** 3（★★）　　Track 15

スクリプト

☆ Hello, Rachel Green speaking.

★ Hello, this is Steve Wilson from the Central Blue Sky Bookstore. I'm calling to let you know that **the book you requested has arrived.**

☆ I'm glad to hear that. I will come and pick it up. When is your store open?

★ Our business hours are from 10 a.m. to 9 p.m.

Question : Why is the woman happy?

和訳

☆ もしもし、レイチェル・グリーンです。

★ もしもし、Central Blue Sky 書店のスティーブ・ウィルソンです。これは**お客様が求めていた本が到着した**ことをお知らせするための電話です。

☆ それはよかったです。取りに伺います。お店はいつ開いていますか。

★ 当店の営業時間は午前 10 時から午後 9 時です。

質問：なぜ女性は喜んでいるのですか。

選択肢の訳

1 彼女はなくしたものを手に入れる。

2 彼女はベストセラーを受け取る。

3 求めている本が入手できる。

4 新しい本屋がすばらしい。

解説

女性が喜んでいることを表す最後の発言 I'm glad to hear that.「それはよかったです。」の直前の男性の発言に注目する。I'm calling to let you know that the book you requested has arrived.「これはお客様が求めていた本が到着したことをお知らせするための電話です。」とあるので、**3 が正解**。序盤を聞き逃すと**状況把握を間違えやすい問題**で、「女性が本を取り寄せており、男性店員が本の到着を知らせた」という内容がつかめたかどうかがポイント。

対話型リスニング問題　満点突破の極意

＜気持ち・感想の周囲の状況を把握せよ＞
「気持ち・感想」を表す言葉に気をつけて、どんな状況が起こっているかをつかむことが大切！

No.14 答え 3（★）　Track 16

スクリプト

☆ Let's go to the gym this morning, honey.

★ Well, I don't feel so good. I have a headache and a pain in my back.

☆ Come on, you said the same thing last week. Exercise is really good for your health.

★ I know. But I'm tired from work. **I'd like to just relax and watch TV.**

Question：What does the man want to do?

和訳

☆　あなた、今朝はジムに行きましょうよ。

★　うーん、気分があまりよくないな。頭痛はするし、腰は痛いし。

☆　もう、先週も同じことを言っていたわよ。運動はとても健康にいいのよ。

★　わかっているよ。でも仕事で疲れているんだ。**ただくつろいでテレビを見ていたいんだよ。**

質問：男性は何をしたいと思っていますか。

選択肢の訳

1 ジムに行く。

2 公園を走る。

3 休憩を取る。

4 映画を見に行く。

解説

選択肢から、質問のポイントは**「次の行動」**であることがわかる。男性の最後の発言に、But I'm tired from work. I'd like to just relax and watch TV.「でも仕事で疲れているんだ。ただくつろいでテレビを見ていたいんだよ。」とあるので、それを「休憩を取る」と言い換えた**3が正解**。ジムに行きたがっている**女性と男性の意見の違い**に着目するのがポイント。

対話型リスニング問題　満点突破の極意

＜意見の不一致を見抜く＞
男性と女性の「意見の対比」に注意する！

No.15 **答え** **1**　(★★★)　Track 17

スクリプト

☆　Are you going to study math in college, Jeff?

★　I wanted to study literature, but I've changed my mind. **Now, I'm thinking of studying marketing.**

☆　Why is that?

★　Well, I hear it is helpful for finding a good job.

Question : What does Jeff want to study?

和訳

☆　ジェフ、大学で数学を勉強する予定なの?

★　文学を勉強したかったんだけど、気が変わったんだ。今はマーケティングを勉強することを考えているんだ。

☆　それはなぜ?

★　ええと、よい仕事を見つけるのに役立つと聞いたんだ。

質問 : ジェフは何を勉強したいと思っていますか。

選択肢の訳

1 ビジネス

2 数学

3 科学

4 文学

解説

ジェフの1つ目の発言に着目する。I wanted to study literature, but I've changed my mind.「文学を勉強したかったんだけど、気が変わったんだ。」とあるが、これは **「過去」** の話。次のNow, I'm thinking of studying marketing.「今はマーケティングを勉強することを考えているんだ。」という **「未来」** の行動を表す部分から、それを「言い換えた」**1 が正解**だとわかる。最後のI hear it is helpful for finding a good job「よい仕事を見つけるのに役立つと聞いたんだ」がヒントになる。

問われている時制と対応する内容は何かを押さえることが大切。

対話型リスニング問題　満点突破の極意

<「過去」と「未来」の行動の対比に注意！>
「先に起こった状況」と「これから起こる行動」の対比に注意する！

対話型重要表現はこれだ！

対話型リスニング問題では日常英会話で使う表現がたくさん出てきます。これらの表現を覚えておくと聞き取りがグーンと楽になりますので、確認しておきましょう。

電話

Can [Could / May] I speak to ～？「～さんをお願いします」

Can [Could / May] I leave a message?「伝言をお願いできますか」

Can [Could] you call ～ **back?**「後で～にかけ直してもらえますか」

Can [Could] you slow down a bit?「もう少しゆっくり話してもらえますか」

Hold on a minute.「少しお待ちください」

Is ～ **in?**「～さんはいますか」／**Is** ～ **there?**「そちらに～さんはいますか」

The line is busy.「電話中です」

This is ～ **speaking.**「はい、～です」

Who's calling, please?「どちらさまですか。」

Would you put me through to ～？「～につないでいただけますか」

You have the wrong number.「番号を間違えています」

店内

Can [Could / May] I try on ～？「～は試着できますか」

Certainly, sir [ma'am].「かしこまりました」

Here you are.「さあ、どうぞ」

(How) can [may] I help you?「何かお探しでしょうか」「いらっしゃいませ」

How do you like ～？「～はどうですか」

I'd like to have ～「～をください」「～にします」

I'll go get ～.「～を取ってきます」

I'm just looking.「見ているだけです」

Let me check (～).「(～を) お調べしましょう」

May I take your order?「ご注文を伺ってもよろしいですか」

That's exactly what ～ .「それはまさに～なものです」

We'd like a table for ～ .「～人分の席を用意してほしいのですが」

Would you hand [pass] me ～ , please?「～を取ってもらえますか」

乗り物・道案内

Could [Can] you tell me where ～ ?「どこで（に）～か教えていただけますか」

Have you ever been to ～ ?「～へ行ったことはありますか」

Is there some place to +V ～ ?「～する（ことができる）場所はありますか」

You can't miss it.「すぐ見つかります」

You'll find it on your right [left].「右手（左手）に見えます」

依頼

All you have [need] to do is ～ .「～しさえすればよい」

Can [Could] you help me with ～ ?「私が～するのを手伝ってもらえますか」

Can [Could] you pick me up ?「(車で) 迎えに来てもらえますか」

Give [Lend] me a hand.「手伝ってください」

May I ask you a favor?「お願いがあるのですが」

Would you mind ～ ing?「～していただけませんか」

あいさつ

Have a good [nice] day.「よい 1 日を」

I have to go now. [I've got to go.]「もうおいとましなければなりません」

I'll miss you.「あなたがいなくなると寂しくなります」

I appreciate it.「感謝しています」

It's been a long time!「久しぶりだね！」

Please say hello to ～.「～によろしくお伝えください」

Take care.「お気をつけて」

That's very kind of you.「ご親切にありがとう」

The same to you.「あなたもね」

提案

Do you want to +V ～ with me?「私と～しませんか」

If you like,「よろしければ」

I'll give you a hand with ～.「～を手伝います」

I'll treat you.「私がごちそうします」

Please feel free to ～.「遠慮なく～してください」

Take your time.「どうぞごゆっくり」

Why don't you +V ～?「～してはどうですか」

Would you like to join us?「私たちと一緒にどうですか。」

賛成・同意

Anything [Either] will do.「何でも（どちらでも）いいですよ」

I can't help it.「仕方がありません」

I'd love to.「ぜひともそうしたい」「喜んで」

I guess so.「そう思います」

I'm afraid …「（残念ながら）…だと思います」

Neither do [did] I.「（否定文を受けて）私もそうです」

That would help.「それは助かります」

That's fine [OK] with me.「私はそれで結構です」

That's good to hear.「それはよかったですね」

パッセージ型リスニング問題、攻略法はこれだ！

パッセージ型リスニング問題を大解剖！

対話型リスニング問題の後は、「パッセージ(文章) 型リスニング問題」に移ります。ここでは 60 語ぐらいのパッセージが読まれます。リスニングを聞いた後に設問が英語で読まれ、問題用紙に書かれている 4 つの選択肢の中から正しいものを選ぶという形式は「対話型」と同じです。

パッセージ型問題で気をつけたいのは、会話と比べて比較的単調に感じやすいので、ボーっと聞いてしまい、答えの根拠となる部分を聞き逃すことです。しかし、**冒頭でシチュエーションをつかみ**、次に**話の流れをつかむ**ことに注目して聞けば、答えがわかりやすくなり、高得点をゲットすることができます。

また、対話式問題以上に、問題の傾向を知り、その打開策を講じたり、対策トレーニングを行う必要があります。では、パッセージ型リスニング問題の内容を詳しく見ていきましょう。最近の英検で出題されたパッセージ型問題を、頻出トピック、質問パターン、正答パターンの見地から分析すると次のようになります。

トピックは「経済・ビジネス」「教育」に関するものが最も多い！

トピックは以下のように多岐に渡ります。パッセージの語数は 55 ～ 70 語くらいで、60 語台が多く、選択肢の語数はほとんどが 5 ～ 7 語くらいです。

1. 経済・ビジネス関連	レストラン、会議、面接、公共施設での放送など。 全体の**約 2 割**
2. 教育関連	大学のクラス、卒業後の進路、学校の課題など。 全体の**約 2 割**
3. 歴史・文化関連	博物館、食文化、外国の農業など。 全体の**約 1 割強**
4. 医療・健康・スポーツ関連	コーヒーの効果、ヨガ、プールなど。 全体の**約 1 割弱**
5. 生物関連	砂漠の果物、昆虫、植物の成長など。**約 1 割弱**
6. その他	**社会問題関連、科学関連、乗り物・交通関連、家庭関連、余暇関連、環境**

質問パターンは「なぜ」「どうなったか」が最も多い！

一番多いのは Why から始まる質問です。質問文の形は対話型問題と同様にパターン化されており、語数は 10 語以内が多いです。

1. 原因・理由・結果	行動の理由、効果、変化など。全体の**約 2 割強**
質問文パターン	"Why did she decide to ～ ?" "What is one change ～ ?" など。
2. 意見・コメント・告知	提案、アドバイス、お知らせなど。 全体の**約 2 割弱**
質問文パターン	"What does the man say ～ ?" "How did she suggest ～ ? " など。
3. 行動	これから何をするのか、何をしたかなど。 全体の**約 2 割弱**
質問文パターン	"What will he do ～ ?" "What does the man plan to ～ ?" "What has she decided to do ～ ?" など。
4. 発見内容	実験や調査結果など。全体の**約 1 割強**
質問文パターン	"What is one thing (we learn) ～ ?" "What did he show ～ ?" など。
5. その他	**方法・手段、問題点、特徴・利点、要求・依頼**

正答パターンは「サマリー・類語言い換え」が非常に多い！

「サマリー・一般型」と「類語言い換え型」がほとんどで、行間読み型はほとんどありません。「類語・言い換え」の場合は、instructors を people to teach に、will be closed を will not be open に言い換えたりします。（5 日目の「英文読解問題の言い換えパターンはこれだ！」（123 ～ 129 ページ）参照）

いかがでしたか。特に「**頻出の質問パターン**」を知ることが重要です。そして、その認識に基づいて、問題の「選択肢」から予測したり、パッセージの中の「キーワード」から解答を素早く割り出すことができるようになります。過去にリスニング問題で登場した代表的な表現は、以下の通りです。

リスニング問題、必勝表現はこれだ！

1. 因果関係　「ただし次の表現が使われていなくても見抜けるように」

that's because + SV（それは〜だからだ）/ because of 〜（〜のために）/
thanks to 〜（〜のおかげで）/ due to 〜（〜のせいで）/
as a result（その結果）/ that's why（そういうわけで）

2. 時の比較　「昔と違って今は」という場合は「現在」が重要！

in the past（以前は）/ recently [these days, nowadays]（最近）/
last 〜（前の〜）/ at first（最初は）/ originally（元々は）/
then（その時、それから）/ later（後に）/ one day（ある日）/
in those days [at that time]（当時）

3. 逆接　「A, but B」の場合、B にポイントがあるので常に B が解答！

however / but / in fact [actually]（ところが実は）/ while + SV（〜する一方で）/ on the other hand（他方で）/ instead（その代わりに）

4. 条件　特に仮定法の場合は「実際はそうではない」という行間を読む問題になる！

if（もし〜なら）/ though [although] + SV（〜だけれども）

このように問題パターンを知り、問題や解答を予測することで、放送を聞きながら楽に解答を選ぶことができるようになり、満点を狙えるわけです。そしてこの傾向は英検準 1 級、1 級と上がっていくにつれて重要性を帯びてきます。

それでは、今度は問題練習を通して攻略法を会得していただきましょう。まずはパッセージ型でかなりよく出る「個人のエピソード」を題材にした例題にチャレンジしてください！

①個人のエピソードリスニング問題攻略法はこれだ！

Track 18

1 Her father bought her a cell phone.

2 Her cell phone was repaired.

3 She started working at a cell phone shop.

4 She went shopping with her father.

いかがでしたか？ では、スクリプトと攻略法を確認しましょう。

スクリプト

Last week, Nancy's cell phone suddenly broke down, but she couldn't fix it. So she wanted to take it to a repair shop. But the shop is far away from her house. Luckily, her father drove her to the shop to get it fixed. She was happy **Point** because the cell phone started working again.

Question : Why was Nancy happy?

答え **2**

パッセージ型リスニング問題　満点突破の極意

＜言い換え表現に注意！＞
放送で流れた表現と全く同じ単語を使った選択肢に注意しよう！

Point　言い換え表現やトラップに要注意！

正解の選択肢は、ほとんど内容の言い換えになっている！ 本文をそのまま用いた選択肢は誤答！

▼理由を表す部分は解答の根拠になることが多いので、**because の後ろに注目する**。

▼started working again「再び動き始めた」という部分を、be repaired「修理された」と言い換えた **2 が正解**。

▼started working につられて、本文の言葉をそのまま用いた**「ひっかけの選択肢トラップ」**の 3 を選ばないように要注意！

和訳

先週、ナンシーの携帯電話が突然壊れましたが、彼女は直すことができませんでした。彼女はそれを修理するために店に行きたかったのですが、店は家から遠く離れていました。幸運なことに、彼女の父親が車で彼女を修理する店まで乗せて行ってくれました。携帯電話が再び動き始めたので、彼女は嬉しくなりました。

質問：なぜナンシーはうれしかったのですか。

選択肢の訳

1 彼女の父親は携帯電話を彼女に買った。

2 彼女の携帯電話は修理された。

3 彼女は携帯電話ショップで働き始めた。

4 彼女は父親と一緒に買い物に行った。

次は、パッセージ型によく出る**「説明文」**を題材にした例題にチャレンジしてみましょう。

②説明文リスニング問題攻略法はこれだ！

Track 19

1 It has been used for a long time.

2 It was a very long bridge in those days.

3 It was named by local people.

4 It is still used by many foreign tourists.

いかがでしたか？ では、スクリプトと攻略法をご覧いただきましょう。

スクリプト

Arkadiko Bridge is one of the oldest bridges in the world. It is 22 meters long and 4 meters high. It was **Point ①** built over 3,000 years ago in Greece. The bridge played a very important role in connecting a lot of cities. Surprisingly, **Point ②** this bridge is still used by local people.

Question：What is surprising about Arkadiko Bridge?

答え **1**

パッセージ型リスニング問題　満点突破の極意

＜サマリー型の問題に要注意！＞
文と文のつながりを意識して、全体の内容を理解すること！

Point　サマリー型問題に要注意！

正解が全体的なサマリー（要約）になっている問題は難問が多い！

▼選択肢から「橋の特徴」であることが予測できる。

▼設問の surprising に一致しそうな "Surprisingly" が最後に出て来るが、**その部分だけ聞いても解答の根拠が不十分**。

▼Point ①「3000 年以上前に建設された」と Point ②「この橋はいまだに使われている」という部分をまとめると**「長い間使われてきた」**とわかるので、**1 が正解**。

和訳

Arkadiko 橋は、世界最古の橋の一つです。長さは 22 メートル、高さは 4 メートルで、3000 年以上前にギリシャで建設されました。その橋は多くの都市を結ぶという非常に重要な役割を果たしていました。驚いたことに、この橋はいまだに地元の人々によって使われています。

質問：Arkadiko 橋について驚くべきことは何ですか。

選択肢の訳

1 長い間使われてきた。

2 当時、とても長い橋だった。

3 地元の人によって名付けられた。

4 いまだに多くの外国人旅行客に利用されている。

では最後に、これもパッセージ型でよく狙われる**「公共の案内放送（public announcement）」**を題材にした例題にチャレンジしてみましょう。

③公共の案内放送のリスニング問題の攻略法はこれだ！

Track 20

1 There is something wrong with the engine.

2 It is raining heavily in Manchester.

3 A passenger left his bag in the train.

4 A lot of snow is still left on the tracks.

いかがでしたか？ それでは、スクリプトと攻略法を確認しましょう。

スクリプト

Good morning, all passengers. This is the train from London to Manchester. **Point** Unfortunately, we are running 10 minutes behind schedule at the moment. **Point** This is due to heavy snow on the tracks and we need to travel more slowly. We are expecting to reach Manchester at 11 a.m. We apologize for the inconvenience.

Question : What is the problem with the train?

答え **4**

パッセージ型リスニング問題　満点突破の極意

＜キーワードに注目しながら聞く！＞
漠然と聞くのではなく、キーワードに注目して先の展開を予測しよう！

Point　プラスかマイナスの手がかりをつかむ！

キーワードに注目すると、次に来るプラスかマイナス内容が予測できる！

▼"unfortunately" や "due to" は**次にマイナス内容が来る**！ あらかじめ内容を予測しておけば、**気持ちに余裕を持って聞くことができる**。

▼"problem" を聞かれているので、問題の原因を述べた due to heavy snow on the tracks「線路上の大雪のため」を言い換えた **4 が正解**。

和訳

乗客の皆様、おはようございます。この列車はロンドン発マンチェスター行きです。あいにく現時点で予定より 10 分ほど遅れております。遅延は線路上の大雪によるもので、運転速度を落とす必要がございます。マンチェスターには午前 11 時頃に到着する予定です。ご不便をおかけして申し訳ございません。

質問：電車についての問題は何ですか。

選択肢の訳

1 エンジンに問題がある。

2 マンチェスターで激しく雨が降っている。

3 乗客がかばんを電車に置き忘れた。

4 線路にまだ多くの雪がある。

それでは、パッセージ型リスニング模擬問題にまいりましょう！

パッセージ型リスニング模擬テストにチャレンジ！

No.1

Track 21

1 She had a car accident.

2 She worked at a hospital.

3 She became a nurse.

4 She taught Tim English.

No.2

Track 22

1 He will drive a car.

2 He has already eaten lunch.

3 The hiking was canceled.

4 The wind is strong today.

No.3

Track 23

1 People started to drink chocolate.

2 People started to add sugar to chocolate.

3 People started to use chocolate as a medicine.

4 People allowed children to eat chocolate.

No.4

Track 24

1 He could not drive a car well.

2 He found it good for the environment.

3 Bikes were more convenient than cars.

4 His hobby was riding a bike.

No.5

Track 25

1 Hercules beetles are the smallest beetles.

2 Many people are interested in Hercules beetles.

3 People can buy Hercules beetles cheaply.

4 Hercules beetles have almost died out.

No.6

Track 26

1 To expand the space of the store.

2 To have more customers on rainy days.

3 To increase the number of books.

4 To decrease the number of staff members.

No.7

Track 27

1 It is bad manners.

2 It causes trouble with other people.

3 It can annoy people on the stage.

4 It may shock animals.

No.8

Track 28

1 By paying some money.

2 By showing their school ID cards.

3 By making a reservation.

4 By saying their names.

No.9

Track 29

1 To work at her company.

2 To teach her how to use a computer.

3 To find her a good job.

4 To sell a new computer.

No.10

Track30

1 To establish a company.

2 To become a teacher.

3 To travel to foreign countries.

4 To study math at college.

No.11

Track 31

1 It has more vitamins than normal fruits.

2 It needs to be eaten within weeks.

3 It has less vitamin C than normal fruits.

4 It is not as popular as normal fruits.

No.12

Track 32

1 Too much water is not good for plants.

2 Special knowledge is necessary for farming.

3 Plant cultivation is much harder than he expected.

4 Plants grow up without much effort.

No.13

Track 33

1 She planned to travel in Brazil.

2 She had to pay money for school.

3 She wanted to teach Japanese.

4 She needed money to study abroad.

No.14

Track 34

1 All the meat has already been sold out.

2 Customers can get a discount ticket.

3 The store will close at 5 p.m. today.

4 Free meat products will be available at 5 p.m.

No.15

Track 35

1 She felt very sorry for poor and sick people.

2 She made friends with poor and sick people.

3 She was helped by a doctor during her trip.

4 She had a dream of working internationally.

いかがでしたか？ 解答、スクリプトと攻略法を確認していきましょう！

（★はやさしめ、★★は普通～やや難しい、★★★は難しい）

No.1 答え 2 （★★）

Track 21

スクリプト

☆ **Last month, Kate worked as a volunteer at a hospital.** The work there was so hard that she was exhausted every day. But after a few days, she made friends with a boy named Tim. Kate and Tim played with a ball, watched TV, and talked about their school life. Through this experience, Kate dreamt of becoming a nurse.

Question : What did Kate do last month?

和訳

先月、**ケイトは病院でボランティアとして働きました。**そこでの仕事はあまりにも大変で彼女は毎日とても疲れました。しかし数日後、彼女はティムという男の子と友達になりました。ケイトとティムはボールで遊んだり、テレビを見たり、学校生活について話したりしました。この経験を通じて、ケイトは看護師になるという夢を持ちました。

質問：ケイトは先月、何をしましたか。

選択肢の訳

1 彼女は自動車事故を起こした。

2 彼女は病院で働いた。

3 彼女は看護師になった。

4 彼女はティムに英語を教えた。

解説

選択肢から**「何をしたか」**が質問のポイントであることがわかるので、答えをキャッチしやすい。これは**冒頭の 1 文目が解答の根拠となる問題**で、第 1 文に Kate worked as a volunteer at a hospital.「ケイトは病院でボランティアとして働きました。」とあるので、**2 が正解**。病院で働いたという部分から看護師になったと勝手に推測して、3 を選ばないように。

パッセージ型リスニング問題　満点突破の極意

<出だしの１文目で答えをキャッチ！>
１文目は聞き流してしまいがち。質問を予測し、最初から集中して聞き答えをキャッチしよう！

No.2 **答え** **4**　(★★)　　Track 22

スクリプト

★ OK, everyone. Let's begin today's hiking tour. We'll start by taking a boat over there. **As you can see, it's windy today,** so please be careful when you are in the boat. After that, we'll climb a hill and have lunch on the top of the hill. In the afternoon, we will set up a tent and prepare for dinner. Are there any questions?

Question : What is one thing the man says?

和訳

さあ、皆さん。今日のハイキングツアーを始めましょう。向こうのボートに乗ることから始めます。ご覧の通り、**今日は風が強い**ので乗船中は注意してください。その後、丘に登り、頂上で昼食を取ります。午後はテントを張り、夕食の準備をします。何か質問はありますか。

質問：男性が言っていることの１つは何ですか。

選択肢の訳

1 彼は車を運転する。

2 彼はすでに昼食を食べた。

3 ハイキングは中止になった。

4 今日は風が強い。

解説

第 4 文に As you see,「ご覧の通り、」とあり**話題が変わる**ので、続く内容に注目する。すると、it's windy today「今日は風が強い」とあるので、**4 が正解**。**場面が変化する際のキーワード**には敏感に反応すること！

パッセージ型リスニング問題　満点突破の極意

＜場面の変化するキーワードに注意！＞
場面が変わるときのキーワードを逃さないように！
直後に設問と関連した内容が来ることが多い！

No.3 **答え** **2**　(★)　　Track 23

スクリプト

☆ Chocolate has a long history. It began more than 2000 years ago. Unlike today, people in those days did not eat chocolate but just drank it. In addition, it was much more bitter than most chocolate today. **In the 16th century, people started adding sugar to chocolate**. Since then, this sweet chocolate has become popular among people of all ages.

Question : What has made chocolate popular since the 16th century?

和訳

チョコレートには長い歴史があります。それは 2000 年以上前に始まりました。今日とは異なり、当時の人々はチョコレートを食べませんでした。彼らは、ただ飲んでいました。また、それは今日の普通のチョコレートよりもずっと苦いものでした。16 世紀に**人々はチョコレートに砂糖を加え始めました。**その時以来、この甘いチョコレートは全ての年代の人々の間で人気になりました。

質問：なぜチョコレートは 16 世紀からポピュラーになったのですか。

選択肢の訳

1 チョコレートを飲み始めたから。

2 チョコレートに砂糖を加え始めたから。

3 チョコレートを薬として使い始めたから。

4 子どもがチョコレートを食べることを許したから。

解説

第 5 文に In the 16th century「16 世紀に」と**時制を表すキーワード**があるので直後に注目する。すると、次に people started adding sugar to chocolate.「人々はチョコレートに砂糖を加え始めました。」とあるので、**2 が正解**。これは、比較的簡単なサービス問題。

パッセージ型リスニング問題　満点突破の極意

＜「時」の変化に注意！＞
「時」が大きく変化したら、その前後が設問に関連すると思え！

No.4 答え 2　(★★)

Track 24

スクリプト

★ Last month, George moved to a new city. At first, he used a car for shopping. That's because it was convenient and he could not ride a bike. **However, he learned that many people use bikes to protect the environment**. So he learned how to ride a bike, hoping to do something good for the environment. Now, he can ride a bike well and uses it for shopping.

Question : Why did George start to ride a bike for shopping?

和訳

先月、ジョージは新しい街に引っ越しました。初め、彼は買い物に車を使いました。それは車が便利だったのと、彼は自転車に乗れなかったからでした。しかし、**彼は多くの人が環境のために自転車を使っていることを知りました。**彼は何か環境によいことをしたかったので、自転車の乗り方を学びました。今では上手に自転車に乗ることができ、買い物には自転車で出かけます。

質問：なぜジョージは買い物に行くのに自転車に乗り始めたのですか。

選択肢の訳

1 彼は上手に車を運転することができなかった。

2 彼はそれが環境によいとわかった。

3 自転車は車よりも便利だった。

4 彼の趣味は自転車に乗ることだった。

解説

第4文のHoweverに注目。前の文では車が便利だったと肯定的な内容だったので、次は**否定的な内容が来ると予想する**。直後には、he learned that many people use bikes to protect the environment.「彼は多くの人が環境のために自転車を使っていることを知りました。」とあり、また次の文には he learned how to ride a bike, hoping to do something good for the environment.「彼は何か環境によいことをしたかったので、自転車の乗り方を学びました。」とあるので、自転車に乗り始めたのは環境によいからだということが分かる。したがって、**2 が正解**。

パッセージ型リスニング問題　満点突破の極意

＜逆接を表す語がアンサーパートの合図！＞
状況の変化を表す「逆接」の表現（but や however）の後ろが答えであることが多いので、最大限の注意を払うべし！

No.5 答え 2 （★★）

Track 25

スクリプト

☆ Hercules beetles are known as the largest beetles in the world. They are often called "The king of beetles", and **they attract a lot of attention from people in many countries**. Their adult male body size can be almost as big as 20cm, and most of them live in forests in Central and South America. A large Hercules beetle is sometimes sold for $1000 or more.

Question : What is one thing we learn about Hercules beetles?

和訳

ヘラクレスオオカブトは世界最大のカブトムシとして知られています。それはしばしば「カブトムシの王様」と呼ばれ**多くの国の人々の関心を集めています**。オスの成虫は、20 センチメートル近くにもなり、ほとんどが中央アメリカや南アメリカの森林に生息しています。大きなヘラクレスオオカブトは時に 1000 ドル以上で売られています。

質問：ヘラクレスオオカブトについて分かることの 1 つは何ですか。

選択肢の訳

1 ヘラクレスオオカブトは最も小さいカブトムシである。
2 多くの人々はヘラクレスオオカブトに興味を持っている。
3 人々はヘラクレスオオカブトを安価で買うことができる。
4 ヘラクレスオオカブトは絶滅しかかっている。

解説

第 2 文の後半に、they attract a lot of attention from people in many countries「多くの国の人々の関心を集めています」とあり、この部分を、**主語と目的語を入れ替え、言い換えた 2 が正解**。選択肢 1 は逆で最も大きいので誤り。選択肢 3 は最終文に 1000 ドル以上することがあると述べているので誤り。

パッセージ型リスニング問題　満点突破の極意

＜「主語・目的語入れ替えトリック」に要注意！＞
正解の選択肢は、ほとんどの場合、会話中の表現の言い換えです。主語と目的語を入れ替えて言い換えた選択肢をキャッチ！

No.6 **答え** **2**　（★★★）　　Track 26

スクリプト

★ Tim works at a bookstore. **One problem with the store was that it got fewer customers on rainy days**. He suggested that they sell books at discounted prices on rainy days. The plan worked and increased the number of customers on rainy days. Fortunately, it also increased the number of customers on sunny days. Everyone at the bookstore was very happy with the increase in total sales.

Question：Why did Tim make a suggestion?

和訳

ティムは本屋で働いています。**店が抱えていた問題の１つは雨の日に来客が少ないことでした。**彼は雨の日に割り引き価格で本を売ることを提案しました。その計画は功を奏し、雨の日の来客数が増え、運よく晴れの日の来客数も増えました。書店のみんなは、売上総額が増加したことに非常に喜びました。

質問：なぜティムは提案したのですか。

選択肢の訳

1 店のスペースを拡張するため。

2 雨の日の来客数を増やすため。

3 本の冊数を増やすため。

4 スタッフの数を減らすため。

解説

選択肢から、**「目的」**が質問のポイントであることが予測できる。ティムが提案した理由が問われているが、第 2 文に One problem with the store was that it got fewer customers on rainy days.「店が抱えていた問題の 1 つは雨の日に来客が少ないことでした。」とあり、続く第 3 文でティムが提案をしているので、**雨の日の来客数を増やすために提案をした**ことがわかる。したがって **2 が正解**。このような**間接的に理由を表す表現**は気づきにくいので要注意！

パッセージ型リスニング問題　満点突破の極意

＜わかりにくい理由・因果関係を見抜く！＞
because、therefore など理由を表す語がなくてわかりにくい場合でも、「理由・因果関係」を見抜く努力をしよう！

No.7 答え 4　（★★）　Track 27

スクリプト

☆ Ladies and gentlemen, now the circus show is starting. We have prepared a lot of programs to entertain you. Before the show begins, there are some things you need to bear in mind. During the show, **please do not use a flash.** Also, please set your cellphone to silent mode. **Animals may be surprised by sudden light or sound**. OK then, we will start today's performances!
Question : Why does the woman ask listeners not to use a flash?

和訳

紳士淑女の皆様。今からサーカスのショーが始まります。お楽しみいただく数多くのプログラムを用意しました。ショーが始まる前に、いくつか注意しておいていただきたいことがあります。ショーの最中はフラッシュを使わないでください。また、携帯電話はマナーモードに設定してください。**動物は突然の光や音に驚くかもしれませんから。**それでは、本日の公演の始まりです！

質問：なぜ女性は聞き手にフラッシュを使わないように頼んでいるのですか。

選択肢の訳

1 それは悪いマナーである。
2 それは他人に迷惑をかける。
3 それはステージ上の人に迷惑をかける。
4 それは動物を驚かせるかもしれない。

解説

これも選択肢から、質問のポイントは**「問題・トラブル」**に関するものであることがわかるだろう。第 4 文に During the show, please do not use a flash.「ショーの最中はフラッシュを使わないでください。」とあり、第 6 文に Animals may be surprised by sudden light or sound.「動物は突然の光や音に驚くかもしれませんから。」とあるので、それを言い換えた**4 が正解**。この問題も前の問題と同様、because などの「理由」を表す語がないために答えがわかりにくいパターンだが、「トラブル」が問題であることが予測できれば、答えであることが多い「禁止条項」の後に注意を払うことができる。

パッセージ型リスニング問題　満点突破の極意

＜トラブル対策のリスニング問題攻略法＞
「禁止事項」を述べた後に理由が来ることが多いので注意！

No.8 答え 2　(★★)　Track 28

スクリプト

★ Good morning, Grandfield College students. Today, I'm pleased to announce that a shuttle bus service will start next week. Every student can take the bus for free, **just by showing their school ID cards.** The buses run every fifteen minutes from 7:30 a.m. to 8:30 a.m., but please take early buses because there are often traffic jams around here. If you have any questions, please visit the office.

Question：How can students use the bus service?

和訳

おはようございます、Grandfield 大学の学生の皆さん。今日はうれしいことに、シャトルバスのサービスが来週から開始することをご連絡します。**学校の ID カードを見せることだけで**、全学生が無料でバスをご利用いただけます。バスは午前 7 時 30 分から午前 8 時 30 分まで 15 分おきに運行しますが、この辺りはよく渋滞するので、早めのバスに乗ってください。もし質問があれば、オフィスを訪ねてください。

質問：どのようにして学生はバスのサービスを利用することができますか。

選択肢の訳

1 いくらかお金を支払うことによって。
2 学校の ID カードを見せることによって。
3 予約をすることによって。
4 名前を言うことによって。

解説

すべて by ～ ing の選択肢であることから、**「手段・方法」**に関する問題であることがわかる。バスについて色々と説明されているが、バスの利用方法については、第 3 文の後半に just by showing their school ID cards「学校の ID カードを見せることだけで」とあるので**2 が正解**。**by -ing**「～することによって」は、**how**「どのように」に対応すると覚えておくとよい。第 3 文の前半に for free「無料で」とあるので、1 は誤り。

パッセージ型リスニング問題　満点突破の極意

<手段・方法の問題パターンを知る>
by + -ing（～によって）は「手段・方法」を表し、
疑問詞 how のアンサーパートになる可能性大！

No.9 答え **1** （★★） Track 29

スクリプト

☆ Lucy is a computer engineer. These days, she is always busy with work. That's because three employees left the office last month and she has to work overtime every day. Yesterday, when she met her friend Kevin at the station, she found him looking for a job. **Lucy told him that she needed his help with her work at her company** because she knew he was a good computer engineer.

Question : What did Lucy ask Kevin to do?

和訳

ルーシーはコンピュータエンジニアで、最近いつも忙しくしています。それは先月、3人の従業員が辞めたので、彼女は毎日残業しなければならないからです。昨日、彼女は駅で友人のケビンに会ったとき、彼は仕事を探していることがわかりました。ルーシーは彼が優れたコンピュータエンジニアであることを知っていたので、会社で**彼女の仕事を手伝ってくれるように彼に言いました。**

質問：ルーシーはケビンに何を頼みましたか。

選択肢の訳

1 彼女の会社で働くこと。

2 彼女にコンピュータの使い方を教えること。

3 彼女によい仕事を見つけること。

4 新しいコンピュータを売ること。

解説

「ルーシーが最近忙しい→友人に出会う→彼が仕事を探していた→自分の会社で働くように誘う」、という**パッセージの一連の流れを押さえよう**。最終文の前半に、Lucy told him that she needed his help with her work at her company.「ルーシーは会社で彼女の仕事を手伝ってくれるように彼に言いました。」とあるので、**1が正解**。

パッセージ型リスニング問題　満点突破の極意

＜話の流れをつかむ問題攻略法＞
パッセージの一連の流れをつかんで解答をゲット！

No.10 答え 1　(★★★)

Track 30

スクリプト

★ Johnny is a high school student and **wants to set up a company in the future,** so he studies very hard. He likes social studies and foreign languages, but he doesn't like math. He considered math as unimportant for him. One day, his teacher said math is very important for him if he wants to become a company president. After the conversation, he started to study math very hard.
Question : What does Johnny want to do in the future?

和訳

ジョニーは高校生で、**将来、会社を設立したいと思っています。**なので、彼はとても一生懸命勉強しています。彼は社会と外国語が好きですが、数学が好きではありません。彼は自分には数学が重要ではないと考えていました。ある日、彼の先生が会社の社長になるには数学はとても重要だと言いました。この会話の後、彼は数学をとても一生懸命勉強し始めました。
質問：将来、ジョニーは何をしたいと思っていますか。

選択肢の訳

1 会社を設立すること。
2 教師になること。
3 外国を旅すること。
4 大学で数学を勉強すること。

解説

選択肢から**「行動」**に関する質問であることがわかる。第1文に Johnny is a high school student and wants to set up a company in the future「ジョニーは高校生で、将来、会社を設立したいと思っています」とあるので、それを言い換えた**1が正解**。難問に多い**冒頭の1文目に答えが述べられた場合は聞き逃しやすいので要注意！** 教師は第4文で出て来るが、ジョニーがなりたいわけではないので、2は誤り。また、最後に数学を一生懸命勉強し始めたと記述があるものの、大学で数学を勉強したいと言っているわけではないので、4も誤り。

パッセージ型リスニング問題　満点突破の極意

＜１文目をキャッチしないといけないパターン＞
出だしの１文目はうっかり聞き流してしまいがち。
質問のポイントがわかったら最初から集中して聞こう！

No.11 答え 3 (★★)

Track 31

スクリプト

☆ Dried fruits are fruits with their water removed. They are light, cheap, and almost as healthy as normal fruits. Usually, you have to eat fruits within weeks, but you can eat dried fruits for a much longer period. That's why dried fruits are very convenient and popular. **However, you should remember that some vitamins such as vitamin C will be lost during the production process.**
Question : What is one thing that we learn about dried fruits?

和訳

ドライフルーツは水分が抜かれたフルーツです。それは軽くて安く、普通のフルーツと同じくらい健康的です。たいてい、フルーツは数週間以内に食べなければなりませんが、ドライフルーツはずっと長期間に渡って食べることができます。なので、ドライフルーツはとても便利で人気があります。しかし、**ビタミンCなどの一部のビタミンは生産**

過程で失われてしまうことを覚えておかなければなりません。
質問：ドライフルーツについて分かることの１つは何ですか。

選択肢の訳

1 それは普通の果物よりも多くのビタミンがある。
2 それは数週間以内に食べる必要がある。
3 それは普通の果物よりもビタミン C が少ない。
4 それは普通の果物ほど人気がない。

解説

最終文の**「逆接表現」の However に注目する**。後に some vitamins such as vitamin C will be lost during the production process「ビタミン C などの一部のビタミンは生産過程で失われてしまう」とあるので、それを言い換えた **3 が正解**。2 は普通の果物についての説明となっている。また、普通の果物と人気を比べた記述はないため、4 も誤り。

パッセージ型リスニング問題　満点突破の極意

＜逆接のキーワード＞
「逆接表現（But や However）」の後ろが Answer part であることが多いので最大限の注意を払って聞き、「言い換え」を見抜こう！

No.12 答え 3　（★★）　Track 32

スクリプト

★ Last month, Richard started to grow plants in his garden. At first, he thought it was a good idea because he could eat fresh vegetables for free. **After several days, however, he realized that it takes a lot of work to grow plants.** For example, he had to water them every morning and protect them from birds. Now, he understands how difficult it is to grow plants.
Question：What did Richard learn about growing plants?

和訳

先月、リチャードは庭で植物を育て始めました。最初、彼はただで新鮮な野菜を食べられるので、よい考えだと思いました。しかし数日後、**彼は植物を育てることは多くの手間がかかると分かりました。**例えば、彼は毎朝水をやり、鳥から守らなければなりませんでした。今では、彼は植物を育てることがいかに難しいことか理解しています。

質問：リチャードは植物を育てることに関して何を学びましたか。

選択肢の訳

1 あまりに多くの水は植物によくない。
2 農業には特別な知識が必要である。
3 植物を育てるのは思ったより数段大変である。
4 植物は労力をあまりかけずとも育つ。

解説

第 3 文に After several days, however, と、**時の表現の後に「逆接表現」があるので、その直後に注目する**。すると、he realized that it takes a lot of work to grow plants.「彼は植物を育てることは多くの手間がかかると分かりました。」や、第 4 文の he had to water them every morning and protect them from birds.「彼は毎朝水をやり、鳥から守らなければなりませんでした。」などと何度も栽培の大変さを述べているので、**3 が正解**であると容易にわかるだろう。

パッセージ型リスニング問題　満点突破の極意

<「時」の表現と「逆接表現」の組み合わせに要注意！>
「時」を表す言葉の後の「逆接表現」の後は、Answer part であることが非常に多いので要注意！

No.13 答え 4 （★★）

Track 33

スクリプト

☆ **Ann wants to study in Brazil next year, but she does not have enough money to study abroad.** In order to save money, she decided to work at a factory. The work at the factory was exhausting, but she was happy to meet a student from Brazil. She learned a lot about life in Brazil from him. In return, she taught him some Japanese.

Question : Why did Ann start working at a factory?

和訳

アンは来年、ブラジルで勉強したいと思っていますが、留学するのに十分なお金がありません。お金を貯めるために、彼女は工場で働くことに決めました。工場での仕事はとてもきついものでしたが、彼女はブラジル出身の留学生と出会えてうれしく思いました。彼女はブラジルでの生活について多くを彼から学び、そのお返しに彼に日本語を教えてあげました。

質問：なぜアンは工場で働き始めたのですか。

選択肢の訳

1 彼女はブラジル旅行をする予定だった。

2 彼女は学費を支払わなければならなかった。

3 彼女は日本語を教えたかった。

4 彼女は留学するためのお金が必要だった。

解説

選択肢から**「何をしようとしていたか」**が質問のポイントであることがわかる。第1文の Ann wants to study in Brazil next year, but she does not have enough money to study abroad.「アンは来年、ブラジルで勉強したいと思っていますが、留学するのに十分なお金がありません。」から、**4 が正解**。冒頭の1文に **wants to 〜と「願望」を表す表現**があるので、ここを聞き逃してはならない。2は過去時制になっているが、まだ留学をしているわけではないので誤り。「日本語を教え

DAY6

た」という事実は最終文にあるが、工場で働き始めた理由ではないので、3も誤り。

パッセージ型リスニング問題　満点突破の極意

＜第1文目の出足に要注意！＞
「願望・予定」に関する問題は、want to, planning to などの後をしっかり聞き取る！

No.14 **答え** **2**　(★★)　　Track 34

スクリプト

★ Attention, all shoppers! At 5 p.m., **we will start giving out special tickets for meat products. You can get them in front of the meat corner. With this ticket, all meat products will be discounted by 30%**. To get a discount, please show the ticket at the cash register. There are only fifty tickets, so come to the meat section as soon as you can. Thank you.

Question : What does this announcement say about the discount tickets?

和訳

買物客の皆様、ご注目ください。午後5時に特別な肉製品のチケットを配布し始めます。肉のコーナーの前で受け取ることができます。**このチケットで、全ての肉製品が30%割引になります。**割引を受けるには、レジでチケットを見せてください。50枚しかチケットがありませんので、できるだけ早く肉コーナーへお越しください。

質問：アナウンスは割引チケットについて何と言っていますか。

選択肢の訳

1 全ての肉はすでに売り切れていた。

2 お客は割引チケットを手に入れることができる。

3 店は今日の午後 5 時に閉店する。

4 無料の肉製品が午後 5 時に与えられる。

解説

第 2 文の後半に we will start giving out special tickets for meat products「特別な肉製品のチケットを配布し始めます」とあり、第 4 文に With this ticket, all meat products will be discounted by 30%.「このチケットで、全ての肉製品が 30% 割引になります。」とあるため、**2 が正解**。**指示語の指す内容を把握する**のがポイントで、this ticket が直前の文の special ticket を指しており、**special ticket = discount ticket と読み取らなければならない**。

パッセージ型リスニング問題　満点突破の極意

＜指示語の指す内容をキャッチする！＞
it, this, that などの「指示語」が使われていて、それが質問に関係している場合は、それが何を指しているのかを見抜くこと！

No.15 **答え** **1**　(★★★)　　Track 35

スクリプト

☆ After graduating from high school, Tina started hitchhiking and traveled all over the world. In some countries, **she felt sorry to see a lot of poor and sick people who were suffering a lot**. They couldn't eat enough food and had no jobs. After returning to her home country, she decided to become a doctor and help poor and sick people. She is now studying very hard to enter a medical college.

Question : Why did Tina decide to become a doctor?

和訳

高校を卒業した後、ティナはヒッチハイキングを始め、世界中を旅しました。ある国で、**彼女は多くの貧しい人々や病気の人々が苦しんでいるのを見て気の毒に思いました。**彼らは十分な食べ物を食べることができず、仕事もありませんでした。母国に帰った後、彼女は医者になり、貧しい人や病気の人を助けることに決めました。彼女は今、医学部に合格するために一生懸命勉強しています。

質問：なぜティナは医者になることに決めたのですか。

選択肢の訳

1 彼女は貧しい人や病気の人をとてもかわいそうに思った。
2 彼女は貧しい人や病気の人と友達になった。
3 彼女は旅行中に医者に助けられた。
4 彼女は国際的な舞台で働く夢を持っていた。

解説

ティナが医者になることに決めた**「理由」**を問う問題。**because など、明確なキーワードはないが**、第 4 文の後半に she decided to become a doctor and help poor and sick people「彼女は医者になり、貧しい人や病気の人を助けることに決めました」とあるので、前後の文脈から行間を読んで**正解の 1** を選ぶ。

パッセージ型リスニング問題　満点突破の極意

＜行間を読む問題は難問！＞
because などで明確に理由が示されていない場合でも、前後の文脈から「行間を読んで」答えを割り出そう！

7日目

ライティング

↓動画視聴はこちら

ライティング問題はこう変わる！

英検２級のライティング問題は、2024年第１回より従来のエッセイライティングに英文要約問題が加わり、問題のレベルがUPします。採点の比率は以前と同じく３分の１ですが、問題の難易度が上がり、ライティングの得点が合否に大きな影響を与えるということには変わりがありません。

解答時間の目安は、筆記試験時間85分のうち、語彙問題17問に10分、読解問題14問に40～45分かけると、ライティング問題は残り30～35分となります。これは要約問題トレーニング最低10回ぐらい添削を受けながらしておけば十分に間に合う時間でしょう。

そこで、このセクションでは両方の問題の傾向分析と攻略法について述べた後、模擬問題を通してスコアUPトレーニングを行っていきましょう。

ライティング・意見論述問題攻略法はこれだ！

では、ライティングの意見論述問題は、どのように出題されるのでしょうか。英検２級では様々な社会問題について**80～100ワード**で自分の意見を発信する力が求められます。与えられた日本語を翻訳する英作文ではなく、**英語の文章構成に従って論理的に意見を述べることが重要**です。

これには「語いや構文を駆使できる英語力」、そして「英語的な発想で文章を構成する力」、さらに「説得力のあるアーギュメント（根拠と論拠に裏付けられた主張）を考える力」の３つの要素が必要です。アーギュメントを考えることは日本人にはなじみが薄いので、日頃から日本語で考える練習をしておくといいですね。

ライティング問題　満点突破の極意

ライティング意見論述問題を制するには
英語力・英文構成力・アーギュメント力を
高めるべし！

過去に出題されたトピックリスト

英検 2 級で 2021 年から 2023 年まで出題されたトピックは、次の通りです。

2021 年第1回

レストランやスーパーは食物の廃棄を減らすべきか。

2021 年第2回

電車に優先席をもっと増やすべきか。

2021 年第3回

日本の建物の多くの電飾をどう思うか。

2022 年第1回

歴史を深く理解するために有名な史跡を訪れるべきか。

2022 年第 2 回

日本は外国人労働者を増やすべきか。

2022 年第 3 回

日本は選挙の投票にインターネットを使うべきか。

2023 年第1回

雨水を蓄えてプラントに水をやるビルが増えると思うか。

2023 年第 2 回

宅配業者に、ドアのところに荷物を置いてもらいたい人は増えると思うか。

2023 年第 3 回

企業がオンライン面接をするのは、いいことか。

いかがですか？ このように環境・労働・文化など社会問題に関する意見を述べる問題が多く出題されていますが、いざ意見を書こうとすると、日本語でもなかなか難しいのではないでしょうか？ それぞれのトピックには、ヒントとなるキーワードが 3 つずつ与えられています。それらをヒントにアーギュメントを考える練習をしておきましょう。

採点基準はこれだ！

ライティング意見論述問題は次の4項目に基づいて評価・採点されます。それぞれが4点満点で、**合計が16点満点。目標点は約10点**です。

①内容（4点満点）
- 問題に適切に答えており、主題に沿った内容になっているか。
- 関連のある具体例などでサポートをしているか？

②構成（4点満点）
- 英文全体の流れが自然で、読み手に分かりやすい文章を書いているか。文どうしの繋がりや一貫性はあるか。

③語い（4点満点）
- 単語や表現は正確か。また、トピックに関連した語いを適切に使えているか。
- 同じ語いや表現を何度も使っていないか？

④文法（4点満点）
- 文法が正確か。時制、冠詞、構文などを正確にする必要あり。

特に注意すべきは①内容です。トピックと全く関係のないことを書いてしまうと、不合格点まっしぐら！ くれぐれも話が逸れないように気をつけましょう。
②構成は、一度書いた英文の意見に一貫性があるかどうか、読み直してみることが重要です。③語いや④文法は、最も間違いが目立ちやすいところなので、試験では必ず見直しを。問題で与えられたキーワードは必ずしも使う必要はありません。

必勝フォーマットをマスター！

ではどのような形で書けばよいのでしょう。英検２級では指定語数が**80～100ワード**です。比較的短い語数でアーギュメントを２点述べるのですから、あまり深く掘り下げたことまで書く余裕がありません。

雛形をマスターしておき、試験当日は与えられたキーワードをヒントに、アーギュメントを考えることのみに集中すれば短時間で仕上げられます。

英検 2 級意見論述ライティングの基本構成とは！？

① 主題（15 ワード程度）

質問文をそのままを使って賛成／反対など、自分の意見を書く

(I think that **質問文** / I do not think that ～ / I agree with the idea that ～ / I do not agree with the idea that ～) for the following two reasons.

② 理由その1

First, ＋（キーアイデア）

③ 理由 1 の具体例

理由をサポートする文を 1 ～ 2 文

（25 ワード程度）

④ 理由その2

Second, ＋（キーアイデア）

⑤ 理由 2 の具体例

理由をサポートする文を 1 ～ 2 文

（25 ワード程度）

⑥結論（15 ワード程度）

もう一度自分の意見を書く

(In conclusion, For these reasons,) ＋ ①と同じ内容

これが英検 2 級の意見論述ライティングの基本構成です。1 文はだいたい 10 ～ 15 ワードくらいですので、上に書いた①～⑥だけでも 80 ワードくらいになります。この雛形を覚えておくと、非常に書きやすくなります。

ちなみに、エッセイとは普通 100 ワード以上の長さの「序文」「本文」「結論」からなる文章です。このフォーマットは準 1 級以上では必要ですが、2 級では字数制限が「80 ～ 100 ワード」となっているため、そこまでは要求されません。ただ、**本書では便宜上、「エッセイ」としておきます。**

英文ライティングで犯しやすいミス Top10

次は、ライティングでついついやってしまいがちなミスについてお話ししましょう。頭では分かっていても、いざ自分で書いてみると書くことそのものに精いっぱいになって、ケアレスミスを犯してしまうのはよくあることです。また、発信こそ誤魔化しのきかない真の英語力が問われる時でもあります。語い・文法・語法の完成度を高めておきましょう。

① 接続詞？前置詞？

because は、接続詞なので後ろに節、つまり S + V を伴います。また、文と文をつなぐ役割が接続詞なので、**because S V を単独で使うことはできません**。これは非常に多い間違いで、日本語では「～だから」と単独で使っても OK であることから、直訳してしまうために起こるミスと言えます。

because of や due to, during, despite, in spite of は**前置詞(句)**です。そのため、後ろには**名詞か名詞句**が来ます。節は使えません。

② 異なるカテゴリーを比較してしまう

比較構文を使うときは、同じカテゴリーのものを比較しなければなりません。例えば、「日本の気候はインドの気候よりも穏やかだ」は "The climate of Japan is milder than **that of** India." となります。気候同士を比べているので、that of（=the climate of）が必要です。気候と国など異なるカテゴリーは比較できませんが、同じものを比較する場合でも that が抜けてしまうミスが非常に多いので要注意です！

③ 自動詞？ 他動詞？

代表的なものは、自動詞には **"occur", "happen", "apologize"**、他動詞には **"discuss", "marry", "enter", "reduce"** などがあり、自動詞・他動詞を間違えて使ってしまうミスも多いので要注意です！

④ 可算名詞？ 不可算名詞？

英語では**「数えられる名詞（可算名詞）」**と**「数えられない名詞（不可算名詞）」**があります。この不可算名詞を複数形にしてしまうミスもよく起こります。不可算名詞には "water", "milk" などの物質名詞、"peace", "information" などの**抽象名詞**、そして**固有名詞**があるので要注意です！

⑤ "A such as B" で、A と B を同カテゴリーにしていない。

"A such as B", "A including B", "A like B" では、A の集合のなかに B が含まれていなければなりません。例えば、"foreign languages such as Spanish, German, and Hindi" といった具合にです。

⑥ 動詞の目的語が to 不定詞？～ ing ？

目的語に to 不定詞をとるのか動名詞（～ ing）をとるのかは、その動詞によって異なるので注意が必要です。

★ to 不定詞だけを目的語にとる動詞：

decide, hope, expect, offer, refuse など

★動名詞だけを目的語にとる動詞：

avoid, consider, deny, finish, give up など

⑦ to 不定詞？ 前置詞の to ？

to が来ると不定詞だと思ってしまい、用法を間違えるケースがとても多いです。例えば "lead to", "contribute to", "get (be) used to" などは前置詞なので、後ろに名詞や動名詞が来ないといけません。

例　This road leads to the station.（この道を行くと駅に出る）

I got used to speaking French.（私はフランス語を話すのに慣れた）

⑧ 動詞の時制を誤って使う

特に、過去形と現在完了形のミスが多いです。日本語では「～した」と同じになるので混同しやすいのです。過去形は現在と切り離した過去の動作に、現在完了形はその動作が現在にもかかわりがあるものに使います。例えば「もう宿題は済ませた」なら“I have finished my homework.”つまり現在完了形は「終えた宿題を今持っている」という考えです。

また、「最近は」を表現する時も要注意です **“these days”, “nowadays” は現在（進行）形、“recently” は現在完了形または過去形、“currently” は主に現在進行形**と一緒に使います。

⑨ 冠詞をつけ忘れる

必ず “the” をつけなければ意味が通じない、もしくは違う意味になってしまう名詞があります。特に **the environment**（自然環境）, **the economy**（経済活動）, **the world**（世界）, the weather（天気）, the sky（空）, the ocean（大洋）, the earth（地球）などです。

It's a pity that S V.（S が V して残念だ）の “a” も忘れられがちです。

⑩ カタカナ英語をそのまま間違って使ってしまう

カタカナになっているものは日本語にアレンジされたものが多く、そのまま使うと間違った英語になることがあります。

例　アナウンス→ announcement　　クレーム→ complaint
マスコミ→ mass media
サラリーマン→ office worker, businessperson　など。

では、これらのことに注意して、模擬テストにチャレンジしてみましょう！

模擬テストにチャレンジ！

問題 1

- Agree or disagree:
- Women should stay at home and take care of their children.
- Economy / Right / Role

1つ目のトピックは「女性は子育てのために家にいるべきか否か」です。

これは頻出分野の1つである「教育」分野であり、かつジェンダーフリーの見地からも、よく議論されるトピックです。賛成か反対かの意見は、子供、女性、家族、社会、それぞれの立場や視点で考えるとはっきりと見えてくるのではないでしょうか。ヒントのキーワードは**「経済」「権利」「役割」**です。

まずはトピックを見て、自分で実際に書いてみてください。それから添削例を見て、説得力のある理由が挙げられているか考えてください。最後に添削を見て、どのような点を改善すべきか考えてみましょう。

添削エッセイ

反対の意見（家にいるべきではないという意見の例）

I don't agree with the idea that women should stay at home and take care of their children for the following two reasons. First, some women want to work even after childbirth. They have the right to work ① ~~outside~~ **outside the home** and want to ② ~~promote in the company~~ **become successful in their career**. Second, ③ there are systems to help women keep working. For example, ④ they can take maternity leave, so women should have a job after childbirth. For these two reasons, I don't think that women should stay at home to take care of their children.

添削解説

① “outside” はどこの「外」なのかわかりません。日本語では言わなくても通じますが、英語ではきちんと “outside the home” と説明する必要があります。

② “promote” は他動詞でしか使わないので、文法が間違っています。また、昇進するというのは少し狭いので “become successful in their career (仕事で成功する)” と書くと、幅広い人に該当します。

③ 2 つ目の理由として「女性が働き続けられる制度がある」と書かれていますが、これはどうでしょうか？ このトピックは「女性が家にいるべきか否か」です。産休や育休のような制度はキャリア進出しやすくする「手段」であって、「家にいるべきではない」の理由にはなりません。

④「産休などの制度があるから職業をもつべきだ」と述べています。産休などの制度と職業に直接的な因果関係はなく、また家にいるべきではないという意見のサポートにもふさわしくありません。

点数

内容	構成	語い	文法	合計
2/4	3/4	3/4	3/4	11/16

総評

「女性が外で働く権利がある」は、説得力のある強い理由でした。添削エッセイでは 2 つ目の理由はピントがズレていましたが、模範解答にあるようにキーワードの “economy” を使って「子育てにはお金がかかる」を理由にすればよくなります。

全体的には文法ミスも少なく、構成、語い共によく書けています。点数は 11 点と合格点です。

では、賛成、反対それぞれのモデルエッセイを見てみましょう。

モデルエッセイ

賛成の意見（家にいるべき）→ 93 ワード

I agree with the idea that women should stay at home to take care of their children **for the following two reasons. First**, mothers play an important role in raising children. For example, breastfeeding is good for making babies healthy. Besides, affection especially from mothers has a positive effect on children's mental development. **Second**, mothers can take part in social activities such as PTA meetings. This will help build a good educational environment for children. **For these reasons**, I think that women should stay at home to take care of their children.

単語 □ breastfeeding 母乳育児

和訳

私は次の２つの理由から、女性が子供の世話をするために家にいるべきだという考えに賛成です。1つ目に、母親というものは子供の成長に重要な役割を果たします。例えば、母乳育児で赤ちゃんが健康に成長します。また、特に母親からたくさんの愛情を与えることで子供の精神の発育によい影響を及ぼします。２つ目に、母親は PTA のような社会活動に参加できます。このようにして教育環境がよくなります。以上２つの理由で、私は女性は子供の世話をするために家にいるべきだと思います。

ポイント

賛成意見の理由は、1つ目が「母親は子供の身体面・精神面の成長によい」、2つ目が「子供の教育環境がよくなる」です。賛成意見は子供の立場で考えるとこのような理由が思い浮かぶのではないでしょうか。上記以外にサポートとして、「母親と安定した関係を築くことで子供のコミュニケーション能力が高まる」"If children build stable relationships with mothers, children will develop their communication skills with others." などもあります。

モデルエッセイ

反対の意見（家にいる必要はない）→ 99 ワード

I disagree with the idea that women should stay at home to take care of their children **for the following two reasons. First**, women have the right to work outside the home. Though many women want to become successful in their careers, staying at home will make them give up their careers. **Second**, working mothers contribute to the economic stability of their families. Nowadays many Japanese families with full-time housewives find it difficult to afford their children's education and living expenses. **For these reasons**, I don't think that women should stay at home to take care of their children.

単語

☐ economic stability 経済的安定
☐ full-time housewife 専業主婦　☐ living expenses 生活費

和訳

私は次の 2 つの理由から、女性が子供の世話をするために家にいるべきだという考えに反対です。1 つ目に、女性は外で働く権利があります。仕事で成功したいと思う女性は多いですが、家にいることでキャリアを諦めなければならなくなります。2 つ目に、女性が働くことで家庭の経済が安定します。現代では子供の教育費や生活費をまかなうのが難しいと思う専業主婦が多いです。これら 2 つの理由から私は女性が子供の世話をするために家にいるべきだという考えに反対です。

ポイント

この他に「女性が働くことで国の労働力が上がり、経済力も高める」"working women will increase the nation's workforce, which will improve the national economy." なども理由に挙げられます。

ではもう 1 題、模擬問題に取り組んでみましょう。

問題 2

○ These days, many people read electronic media such as newspapers, books, and magazines. Do you think that electronic media will replace printed media in the future?
○ Environment / Eye / Cost

2つ目のトピックは「将来、新聞や本、雑誌などの電子メディアが紙のメディアにとって代わるか？」です。時代を映すような**「テクノロジー」分野のトピックはよく出題**されています。ヒントのキーワードは**「環境」**、**「目」**、**「費用」**です。

賛成、反対の意見は、それぞれの極論を考えてみると上手く導き出せることが多いです。例えば「もし全てが電子メディアになり、紙メディアが一切なくなったらどのような状況になるか」などです。想像力を働かせて客観的なアーギュメントを考えてみましょう。

1つ目のトピックと同じように、実際にエッセイを書き、それから添削例をみて、どのような点を改善すべきか、考えてください。

添削エッセイ

賛成の意見（紙メディアはなくなる）

I think that electronic media will replace printed media in the future for the following two reasons. First, electronic media will contribute to environmental protection. For example, using electronic media prevents us from destroying forests. ① ~~Moreover~~ **, while** printed media needs a lot of wood to make ② ~~papers~~ **paper**. Second, electronic media will protect our ③ privacy. ④ If you use only printed media, we can carry data easily. This will lead to information leaks. So, I think that electronic media will replace printed media in the future.

DAY 7

添削解説

① ここでは "electronic media" と "printed media" を対比させているので、", while" で前文と繋げて 1 文にします。

② paper は不可算名詞。「書類」の意味の時は可算名詞です。

③&④ 紙のメディアとプライバシーの侵害は結びつきにくいです。"electronic media" が著作権を侵害しないわけではなく、更にデータを持ち出しやすくなるというのは "electronic media" にも当てはまることであることから、やはり理由としてはふさしくありません。敢えて書くなら "copyright violation"（著作権の侵害）です。

点数

内容	構成	語い	文法	合計
2/4	3/4	3/4	3/4	11/16

総評

1 つ目の理由は「紙を使わないことで環境に優しい」と、とても強い理由なので OK！ しかし、2 つ目の理由は少し外れてしまいました。ここでは、キーワードにある "cost" を使って "electronic media will contribute to cost reduction"（電子メディアでコストが削減できる）にすれば強い理由になります。しかし、このエッセイも雛形に当てはめてわかりやすい構成の文なので、点数は 11 点と合格点です。

では、賛成、反対それぞれのモデルエッセイを見てみましょう。

モデルエッセイ

賛成の意見（紙メディアはなくなる）→ 97 ワード

I think that electronic media will replace printed media in the future **for the following two reasons. First**, electronic media is more eco-friendly than printed media. Electronic media needs no paper and reduces waste. This characteristic meets the increasing demands of people who are aware of the importance of environmental protection. **Second**, electronic media costs mush less than printed media. Electronic media can reduce the costs of paper, printing tools, and transportation. During the economic recession, more companies want to reduce their costs. **For these reasons**, I think that electronic media will replace printed media in the future.

単語

☐ eco-friendly 環境に優しい
☐ reduce waste ごみを減らす
☐ meet the demands of ～～の要求を満たす
☐ economic recession 不況

和訳

私は次の 2 つの理由で、将来電子メディアは紙のメディアにとって代わると思います。まず、電子メディアは紙のメディアよりも環境に優しいです。電子メディアは紙が要らないしゴミも減らせます。このことでますます増えている環境保護に関心の高い人も満足します。次に電子メディアは紙のメディアよりもコストがかかりません。紙や印刷道具、輸送のコストを減らせるのです。不況の下、コスト削減したい会社は増えます。これらの理由から私は、将来電子メディアは紙のメディアにとって代わると思います。

ポイント

上記以外に「電子メディアは紙のメディアよりも新しい情報をはやく提供できる」"Electronic media can give readers up-to-date information faster than printed media."、「電子メディアは動画など視聴覚情報を提供できる」"Electronic media can give readers audio visual information such as moving images" などがあります。

反対の意見（紙メディアはなくならない）→ 99 ワード

I don't think that electronic media will replace printed media in the future **for the following two reasons. First**, printed media has fewer health problems such as eye strain and stiff shoulders than electronic media. Actually more and more people have suffered from so-called dry eye since the electronic media became popular. **Second**, printed media allows people to remember the information better than electronic media. Researchers have found that the process of reading through printed media helps our memory retention. **For these reasons**, I don't think that electronic media will replace printed media in the future.

単語

- ☐ eye strain：目の疲れ
- ☐ stiff shoulders：肩こり
- ☐ retain memory：記憶を保つ
- ☐ memory retention：記憶保持

和訳

私は次の 2 つの理由から将来電子メディアは紙のメディアにとって代わらないと思います。まず、紙メディアは電子メディアよりも目の疲れや肩こりといった健康障害が少ないです。事実、電子メディアが出てきてから、いわゆるドライアイ患者がどんどん増えました。次に紙メディアは電子メディアに比べて記憶に残りやすいです。紙メディアで読む過程が記憶保持に役立っていると研究によりわかっています。これらの理由から私は、将来電子メディアは紙のメディアにとって代わらないと思います。

ポイント

"cost" で考えると、他には「初期費用がかからない」"Printed media need no initial costs"、「維持費用 "maintenance costs" がかからない」などと書くことができます。賛成意見ではメディアで発信する側、反対意見では受信者側の立場で "cost" の捉え方が変わると言えますね。

以上で、意見論述ライティングのトレーニングは終了です。コツはつかめましたか？ アーギュメントを出すことが苦手な人が多いですが、そんな方は試験対策として、英検の過去問で出題された1級から3級までのトピックをリストにし、それぞれについて論旨（自分の意見）をまとめておくとよいでしょう。

あらかじめ理由を考えておくと、よく似たトピックが出された場合に応用することができるので、自信と余裕をもってエッセイが書け、ライティングパートの高得点間違いなしです！

ライティング意見論述問題　満点突破の極意

頻出トピックのエッセイの内容は、あらかじめ考えておきましょう！

ライティング・要約問題攻略法はこれだ！

要約は慣れないと難しそうですが、要約方法を理解し、トレーニングをすれば高得点が狙えるので、ここでしっかりマスターしましょう！

要約問題の評価方法とは！？

要約問題では150語前後で書かれた文章を**４５～５５語に英文要約**することが求められます。解答は4つの評価項目に基づいて評価されます。

① 内容 ｜ 元の文の内容がしっかりと含まれているか
② 構成 ｜ 英文の構成や流れがわかりやすく論理的か
③ 語彙・文法 ｜ ライティングにふさわしい語彙・文法を正しく使えているか
④ 語彙・文法 ｜ 語句や表現の言い換え（リフレーズ）ができているか

項目ごとに０～４点の5段階で評価され満点が16点となります。
では評価項目ごとに攻略法をみていきましょう！

要約問題で満点をとるには

評価と注意点① 内容 ▶ 要点を明確に書きましょう！

元の文は3段落で、イントロダクション、ボディ2つと予想されます。この場合それぞれの段落に1つのキーセンテンスがあるので**必ず３つの要点を要約文に入れる**必要があります。

要約文は**元の文にない自分の意見を入れると、どれほど良い文章でも大幅な減点となる**ので気をつけましょう！

評価と注意点② 構成 ▶ 接続詞を使いこなしましょう！

論理的な英文を書く上で重要なのはDiscourse Marker（論理マーカー）とも呼

ばれる接続詞です。**順接と逆接の接続詞をしっかりと使いこなし、元の文と同じ論理で流れの良い文章**を書きましょう！

順接の接続詞

And（そして）、**Also**（また）、**Furthermore**（さらに）、**Moreover**（そのうえ）、**Besides**（その上）、**In addition**（加えて）、**Additionally**（さらに）、**Therefore**（それゆえに）、**Besides**（それに加えて）、**Similarly**（同様に） 等

逆説の接続詞

But（しかし）、**Yet**（にもかかわらず）、**However**（しかし、けれども）、**Nevertheless**（それにもかかわらず）、**In contrast**（対照的に）、**On the contrary**（それどころか）**On the other hand**（一方で） 等

評価と注意点③・④ 語法・文法を正しく書き、リフレーズしましょう！

要約問題でも、英文法全般にわたるスキルはもちろん、**リフレーズ（言い換え）する英語力**が重要です。また、文法に関しては228～230ページの「英文ライティングで犯しやすいミス Top10」をしっかり読んでマスターしておきましょう。

基本的な文法の注意点は「意見論述」と同じで時制、主語と動詞の一致、冠詞、仮定法、接続詞、前置詞等ですが、要約はリフレーズをする上でその文法力が問われるので、なかなか手強いです。日頃から下記のような短い文で、文法に気をつけてリフレーズの練習をしっかりしましょう！

例 He drove carelessly and caused a major accident.
彼は不注意に運転をして、大事故を起こした。

→ His careless driving resulted in a major accident.
彼の不注意な運転が結果として大きな事故を引き起こしました。

→ His careless driving caused a major accident.
彼の不注意の運転が大事故を起こした。

このように品詞を変えると引き締まったリフレーズができます。予想問題1の解答例でこのテクニックを使っているので確認してみましょう！

when S+V, while S+V → during 名詞句

例 I talked to him about it when we had lunch.

昼食の時にその事について彼と話した。

→ I talked to him about it during(at) lunch.

昼食中にその事について彼と話した。

例 I received a message while（I was）taking a break.

休憩をしている時に連絡を受けた。

→ I received a message during my break.

休憩中に連絡を受けた。

品詞を変えて要約文に使うと文章が引き締まるので派生語も覚える習慣をつけましょう！　英英辞典の活用がおすすめです！

同意語　例 **brave - courageous**（勇敢な）
rich - wealthy（裕福な）
understand - comprehend（理解する）
correct - accurate（正しい）
difficult - challenging（難しい）等

派生語　例 **decide**（決定する）**-decision**（決定）
succeed（成功する）**-success**（成功）**-successful**（成功して）
develop（発展、開発する）**-development**（発展、開発）
discover（発見する）**-discovery**（発見）
improve（改良、向上する）**-improvement**（改良、向上）等

では予想問題を見ていきましょう！

模擬テストにチャレンジ！

問題 1

以下の英文を読んでその内容を要約しなさい。語数の目安は 45 語から 55 語です。

In the past, television used to be a main source of entertainment and promote family gatherings. Families watched TV together and exchanged or shared ideas in the living room. However, more people have been turning away from TV recently. Is TV no longer necessary?

Unlike before, TV isn't the only source of information or entertainment. These days, devices like smartphones, tablets, and computers offer diverse content. Even with a TV at home, many people prefer to watch their favorite shows, movies, or videos with their devices anytime in their rooms.

Nevertheless, TV is essential, especially during emergencies such as disasters. TV provides immediate and visual information which helps viewers quickly understand the situations and take appropriate actions. Furthermore, socially, TV contributes to information sharing and the spread of culture, and educationally, it introduces viewers to a wide range of topics and offers learning opportunities.

単語

- □ source 元、情報源
- □ exchange views 意見交換する
- □ unlike before 以前と違って
- □ diverse content 多様なコンテンツ
- □ emergency 緊急事態
- □ immediate 即時の
- □ appropriate 適切な
- □ information sharing 情報共有
- □ family gathering 家族団欒
- □ turn away from ～に背を向ける（離れる）
- □ device デバイス
- □ essential 必要不可欠な
- □ disaster 災害
- □ visual 視覚的な
- □ contribute to ～に貢献する
- □ a wide range of 広範囲の

和訳

過去においてテレビは主要な娯楽で家族の結びつきを促しました。家族はリビングルームでテレビを視聴し、意見交換したり、共有したりしていました。しかし、最近は人々のTV離れが進んでいます。テレビはもはや必要ではないのでしょうか？

以前とは異なり、テレビは情報やエンターテイメントの唯一のソース（情報源）ではなくなりました。現在ではスマートフォン、タブレット、コンピュータなどのデバイスが様々なコンテンツを提供しています。自宅にテレビがあっても、多くの人は自分の部屋でお気に入りの番組、映画、または動画を自分のデバイスで好きな時間に視聴することを好んでいます。

それでも、テレビは緊急時、特に災害時において不可欠です。テレビは瞬時に視覚的な情報を提供し、視聴者が迅速に状況を理解し、適切な行動を取るのに役立ちます。さらに、社会的には情報共有や文化の普及に寄与し、教育的には幅広いトピックを視聴者に紹介して学びの機会を提供します。

では、要約文の作り方を見ていきましょう！

手順① 各段落の要点を見つける

第1段落 ▶TVはかつて主要な娯楽で家族団欒を促したが、最近はTV離れが進んでいる。

第2段落 ▶TVより様々なデバイスで個々に楽しむ傾向がある。

第3段落 ▶TVには緊急時の必要性、社会的、教育的役割がある。

手順② 要点を55語でまとめる

指定の要約語数は45～55語です。高得点を狙うなら極力55語を目指しましょう！　イントロダクション（第1段落）ボディー（第2、第3段落）でバランスよく55語になるイメージで作ってみましょう！

要約のポイント

第1段落 ▶家族がかつてどのように団欒していたのかは省略します。

ポイント **重要でない具体例は省略する**

第2段落 ▶TV離れの原因をBecause of (〜のために) で端的にリフレーズします。

▶機器の具体例は省き devices デバイスでまとめます。

ポイント 個々の具体例を総称化でまとめよう

第3段落 ▶元の文の冒頭に逆説の接続詞が来ているので、同じ意味の接続詞を必ず入れましょう!

ポイント 論理の流れを決定づける接続詞は元の文に沿った形で必ず入れる

▶ socially(社会的に)、educationally(教育的に) といった副詞は形容詞で簡潔に述べる方法を探します。この場合具体例を省略して社会的、教育的役割を果たしているという形でまとめることができます。

ポイント 副詞は形容詞に変えて要約する方法を探してみる

手順③ 確認する

出来上がった要約文を読み返し、それだけを読んで元の文の主旨がわかるか、3つの要点が入っているか、文法のミスなく同じ流れで書かれているか確認しましょう!

サンプル要約

Television used to be the main entertainment that encouraged family gathering, but it has become less popular recently. Because of diverse content, many people now prefer to watch various programs on their devices. However, TV remains an important tool, for providing quick, visual, information especially during emergencies, playing social and educational role. (52語)

単語

- ☐ prefer to 〜をより好む
- ☐ remain 〜のままである
- ☐ personal 個人的な
- ☐ play a role 役割を果たす

和訳

過去には、テレビは主要な娯楽で家族団欒の象徴であったが、最近では人気が低下しています。多様なコンテンツがあるため、多くの人は今や個人的なデバイスで視聴することを好みます。しかし、テレビは特に緊急時には不可欠で、迅速な視覚的情報を提供します。また社会的および教育的な役割を果たします。

問題 2

以下の英文を読んでその内容を要約しなさい。語数の目安は 45 語から 55 語です。

Many people dream of living in big cities, especially when they are young. Some move to urban areas for excitement and opportunities.But can they truly have a good life in the city?

In contrast to rural areas, big cities have great job opportunities since they attract a wide range of industries and businesses. Generally people enjoy a higher standard of living because there are better healthcare, education, well-developed transportation and infrastructure in urban areas. Additionally, there are far more places to enjoy leisure time such as high-quality art museums, theaters, and parks.

However, big cities also present challenges. Urban areas often have traffic congestion, which makes it difficult and costly to find a place to live in. Furthermore, some people suffer from air pollution caused by numerous factories, plants, and automobiles. Sometimes, people feel less safe since cities have more crime because of a huge number of people and gaps between the rich and the poor.

単語

☐ urban area 都会
☐ in contrast to ～と対照的に
☐ well-developed よく発達した
☐ challenge 課題
☐ air pollution 大気汚染
☐ crime 犯罪
☐ opportunity チャンス
☐ a high standard of living 高い生活水準
☐ infrastructure インフラ
☐ traffic congestion 交通渋滞
☐ numerous 多数の
☐ a huge number of 過剰な数の～
☐ gaps between the rich and the poor 貧富の差

和訳

多くの人、特に若い時には都会の生活に憧れます。刺激とチャンスを求めて大都会に移り住む人もいますが、都会で本当に良い生活ができるのでしょうか？

田舎と比べて大都市には様々な産業やビジネスが集まるため、より多くの雇用の機会があります。都市部では、より良い医療、教育、発達した輸送機関やインフラがあるため、人々は大体高い生活水準を享受しているようです。また、都市には質の高い美術館、劇場、公園といった余暇を楽しめる場所もはるかに多くあります。

しかし、大都会には課題もあります。そこでは交通渋滞を引き起こし、住居を見つけることが難しく費用もかかります。多数の工場、自動車からの大気汚染に悩まされる人もいます。時として、都市では人口過剰、貧富の差による犯罪が増加し、安全でないと感じる人もいます。

では、問題1と同じ手順で要約文を作っていきましょう！

手順① 各段落の要点を見つける

第1段落 ▶多くの若者は都会の生活に憧れます。

第2段落 ▶都会は雇用の機会、医療、教育、交通、質の高いレジャースポット等の高い生活水準を提供しています。

第3段落 ▶交通渋滞、住宅問題、大気汚染、犯罪等の課題もあります。

手順② 要点を 55 語でまとめる

上記の要点をイントロダクション（第1段落）、ボディー（第2段落、第3段落）でできるだけ 55 文字に近い文字数になるように要約文を作りましょう！

要約のポイント

第1段落 ▶ dream of living in big cities(都会に住むことを夢見る) の living in big cities を urban life（都会の生活）と言い換えができれば上級者！

ポイント 動名詞・不定詞を名詞で言い換えると要約が楽になる

例 solving the problem/to solve the problem（問題を解決すること）→ problem solution(問題解決)

例 preparing for the exam/to prepare for the exam(試験の準備をすること) → exam preparation(試験準備)

第2段落 ▶ 都会の利点の羅列ですが、英語での羅列は、項目や要素をコンマで区切って列挙します。There are shoes, clothes and accessories in the store. 最後の名詞の直前に and で締めくくるというルールがあります。これで羅列は最後とわかります。総称でまとめる場合は such as /like を使って　There are a variety of things such as /like shoes, clothes and accessories in the store. という表現も必須ですので使いこなせるようにしましょう！　また主語 The store has…/The store sells…と書き換えることで語数の短縮が可能です。

ポイント 羅列の方法をマスターしよう！

第3段落 ▶ 第3段落の冒頭が However(しかしながら) という文の流れを決定づける逆説の接続詞が来ているので必ず同じ意味を持つ接続詞を使いましょう！ p.241 の接続詞を使いこなせるように！

手順③ 確認する

出来上がった要約文を読み返し、それだけを読んで元の文の主旨がわかるか、3つの要点が入っているか、文法のミスなく同じ流れで書かれているか確信しましょう！

サンプル要約

Young people often long for an urban life for excitement and opportunities. It has advantages such as a higher standard of living with better job opportunities, healthcare, education, transportation, and quality leisure. However, it also has disadvantages such as traffic jams, housing shortage, air pollution, and more crimes due to overpopulation and income gaps. (54)

単語

☐ advantages 利点
☐ disadvantagess 欠点
☐ housing issues 住宅問題
☐ overpopulation 人口過剰
☐ income gap 所得の差

和訳

多くの若者たちは、刺激と機会を求めて都会の生活を望むことがよくあります。大都市はよりよい雇用の機会、医療、教育、交通や質の高いレジャーといった高い生活水準という利点があります。しかし、交通渋滞、住宅問題、大気汚染、過密と所得の格差による犯罪の多さなどの問題もあります。

要約に重要な表現力 UP！

理由や原因を表現する際の表現

☐ Because of (- のために)

例 He was late because of the heavy traffic.(彼は交通渋滞で遅れた)

☐ Due to(- が原因で)

例 The flight was cancelled due to bad weather.
(悪天候で飛行機がキャンセルになった)

☐ Thanks to (～のおかげで)

例 Thanks to the hard work of the team, the project was successful.
(チームの懸命な働きでそのプロジェクトは成功した)

☐ As a result of(- の結果として)

例 As a result of hard study, She passed the examination.
(猛勉強の結果、彼女は試験に合格した)

☐ Thus(このようにして)

例 He saved consistently, thus, he was able to afford to own his house.
(彼はコツコツ節約したので家を持つことができた)

それでは、明日に向かってライティングトレーニングに励みましょう！

Let's enjoy the process! (陽は必ず昇る)

8日目

2次試験（面接）スピーキング

↓動画視聴はこちら

2 次試験
面接攻略法はこれだ！

面接試験シミュレーションにチャレンジ！

まずは面接室に入るところから出るところまで、順に見ていきましょう。
面接ではすべて英語でやり取りをします。試験時間は約 7 分です。

1. 部屋に入る

❶ 控え室で記入した「面接カード」を持ち、係員の指示に従って面接室に入ります。

受験者 **May I come in?**

面接委員 Please come in.

❷ 面接委員に「面接カード」を手渡します。

Hello. Can I have your card, please?

Hello. Here you are.

Thank you.

❸ 面接委員の指示に従い、着席します。

Please have a seat.

Thank you.
※ 荷物などは席の脇に置きます。

2. 名前・級の確認、簡単な挨拶

❶ あなたの氏名と受験している級を確認します。

My name is Nakayama Takashi. May I have your name, please?

My name is Sakamoto Ichirou.

All right, Mr. Sakamoto. This is the Grade 2 test, OK?

Yes.

❷ 簡単な挨拶をします

Well, Mr. Sakamoto, how are you today?

I'm fine. Thank you.

3.「問題カード」の 黙読と音読

❶ 面接委員から「問題カード」を受け取ります。

All right. Now, let's start the test. Here's your card.

Thank you.

First, please read the passage silently for 20 seconds.

❷ 面接委員の指示に従って、20 秒間で「問題カード」のパッセージを黙読します。

❸ 20 秒後、面接委員の指示に従って、パッセージを音読します。

All right. Now, please read it aloud.

※受験者はパッセージを音読します。

4. No.1 ～ No.4 の Q&A

❶ 音読の後、問題 No. 1 と No. 2 に答えます。
※ここでは「問題カード」を見ても OK です。

Now, I'm going to ask you four questions. Are you ready?

Yes.

❷ No.2 の応答の後、面接官の指示に従い、「問題カード」を裏返します。

Now, Mr. Sakamoto, please turn over the card and put it down.

❸ 面接委員から No. 3 ～ No. 4 の質問。

❹ 面接委員から試験終了が告げられるので、「問題カード」を面接委員に返し、退室します。

All right, Mr. Sakamoto, this is the end of the test.
Could I have the card back, please?

Here you are.
Thank you very much.

Goodbye. Have a nice day.

Thank you. You, too.

5. 部屋を出る

試験が終了し、退室したら、すみやかに会場から退場します。控室に戻る必要はありません。

以上が面接試験の流れです。イメージトレーニングはできましたか？
では次に、2 次試験の合格に必要な点などを見ていきましょう。

評価される項目と配点とは！？

音読、No.1 ～ No.4 への応答、および**アティチュード（態度）**が評価の対象となります。音読および問題部分は**各 5 点満点**、アティチュードは **3 点満点**です。ただし、No.2 の 3 コマ漫画描写のみ **10 点満点**ですので、**合計 33 点満点**です。

アティチュード (attitude)

attitude とは「態度・心構え」という意味で、2 次試験では主に次のような点が評価の対象となっています。

① 積極性
知識不足で適した言葉がでない際も、知っている単語をなんとか駆使し、相手に伝えようと努力しているか。
② 明瞭な声
相手にとって聞き取りやすい声で話しているか。
適切な発音、アクセントで話しているか。
③ 自然な反応
相手の問いに対して、不自然な長い間がおかれていないか。

スコア

CEFR (Common European Framework of Reference for Languages) という、語学のコミュニケーション能力別のレベルを示す国際標準規格に基づいてスコアが出されます。合格基準スコア（英検 CSE スコア）は固定されており、2 級は **650 点満点中 460 点**です。

（英検では統計的手法を用いてスコアが算出されます。従って、合計点からスコアを算出することはできませんが、**33 点満点中 20 点以上を目標点**にしましょう。）

では、2 次試験でよく出題されるトピックやジャンルはどんなものが多いのか、その傾向をみてみましょう。

英検2級2次面接　頻出トピックはこれだ!

2次試験では、コミュニケーション、メディア、家庭、ショッピング、旅行、レジャーと日常的なトピックが出題されていますが、カードの英文の後のQ&Aでは、様々な分野の社会問題に関する問題が出るので、普段から日本語でもそういった問題に興味を持って話し合っておくのがいいでしょう。

スピーキング力とは

英検2級の面接試験は、スピーキングの力を評価するとても優れた試験の1つです。皆さんはスピーキング力の高い人というと、どんなことを話せる人のことを思い浮かべますか?

簡単なあいさつ、買い物をする、雑談をする、といったことにもちろんスピーキング力は求められます。しかし、**物事を順序立てて話すことや、自分の意見や考えを相手に分かりやすく話すことができる**、もう少し「大人」レベルのスピーキング力を身に着けることが大切で、英検ではこのようなスピーキング力が求められます。

スピーキング力を高めるためには、**物事を描写する力**や、**英語らしい論理的思考力**が不可欠です。しかし日本語と英語は、そもそも育った土壌が全く違いますので、英語での高いスピーキング力をマスターするのに苦労する人が多く見られます。ではその違いはどこにあるのでしょうか?

英語と日本語の違いは?

日本語は**high context language(文脈依存が高い言語)**といわれる、相手に全てを伝えなくてもなんとなく意味が通じてしまう言語です。「ね!? 言わなくてもわかるでしょう?」という前提がそこかしこに見られ、いわば共通の認識を持つ仲間内の会話のようであり、全てを語ることは無粋だとされます。

それに対して英語は**low context language(文脈依存が低い言語)**といわれ、相手はわかってくれないものとして、全てを話す言語なのです。話し手と聞き手は共通の認識の無い他人同士であり、自分の言いたいことを相手に逐一伝えなければならない言語です。

共通認識のない相手に伝えなければならない英語では、自ずと論理的に説得力を持って話す必要がでてきますね。ここが日本語とは正反対。日本人が苦戦するのはもっともなことです。

英検 2 級合格に必要な力とは

英検２級の面接試験では、スピーキングの総合力が問われます。**正確な発音やアクセント**、**英語らしいイントネーション**で英文を音読し、**素早く内容を読み取る力**、イラストを見て**状況を順序よく描写する力**、そしていろいろな社会問題に対する**自分の意見を述べる力**が必要です。

特に社会問題に対する答えは「とにかく思ったことをたくさん話せばよい」という雑談的なものではなく、質問に沿った答えを筋道を立てて論理的に述べなければなりません。このことから、英検２級合格者は「大人レベル英語」への第一歩を踏み出した、と言えるでしょう。

2次試験問題の攻略法

では具体的に2次試験問題の攻略法を順にみてみましょう。

① 問題カードに書かれているパッセージを20秒で黙読する。

ふつう、問題カードの初めには**主題文 (topic sentence)** が書かれています。その後に主題文を具体例などを使って詳しく説明する**支持文 (support sentences)** が続き、**最後に結論 (conclusion)** という構成になっています。このことを意識して読むと、全体の意味がつかみやすくなります。

② パッセージを音読する。

流暢さよりも、**意味の区切り**や**イントネーション**、**単語の発音・アクセント**に注意して正しく読むことが重要です。ぼそぼそと読むと面接官に伝わりませんので、落ち着いてはっきりした声で読みましょう。

③ Question No.1

パッセージの内容に関する問題です。**How ～? Why ～?** で質問されるものが多いです。How に対しては **By～ing**、Why に対しては **Because～**で答えましょう。"doing so" や "such" "this" など指示語や代名詞をそのまま答えるのは NG。その語が指している内容を、具体的に答えましょう。

④ Question No.2

3コマのイラスト問題です。20秒の準備時間でザッと話の流れをつかみ、次のことに留意して頭の中で大まかに文を構成します。20秒は意外と長いので、焦らずに**頭をフル回転**させましょう。

1コマ目
指定された文で始め、吹き出しに書かれているセリフをそのまま使い、
誰が（誰に）言ったかを述べます。つなぎの言葉で2コマ目へ。

2コマ目
ポイントになる部分は必ず2つあります。
登場人物の動作や感情を的確に描写しましょう。つなぎの言葉で3コマ目へ。

3コマ目
2コマ目と同様にポイントになる部分は必ず2つあります。

☞内容と文法・語いが評価対象となります。

⑤ Question No.3

いよいよ社会問題に関する設問です。まずは自分のスタンス、つまり、**賛成“I agree”か反対“I disagree”**のどちらかをはっきりさせた後、その理由や説明を述べます。**合格のためには1つ満点回答のためには2つ以上**の理由や説明を。1つの理由につき1文で答えます。

最初に言った自分のスタンスと違う意味のサポートをしてしまわないように気をつけます。例えば賛成の立場なのに理由や説明内容が反対者のものだと、筋が通らず合格点が得られないので注意しましょう。

⑥ Question No.4

これも社会問題に関する設問です。先ず Yes または No で答えます。その後、面接官に理由や説明を求められます。No.3 と同様に合格のためには 1 つ、満点回答のためには 2 つ以上の理由で答えます。

☞ ⑤、⑥共に理由を論理的に述べることが最重要であり、**「自分の意見・理由≠自分の好みや身近な経験・事象」**であることに気をつけましょう。

例えば "What do you think about that?" という質問に対して "I don't like that." と答えたり、"Do you think club activities are good for students?" という質問に "I don't belong to any club." などと答えるのは NG です。このような個人的な好みや身近な経験・事象などのみで答えても理由として扱われず、得点できないので要注意です。

また、理由が 1 つだけの場合は、十分な根拠を持った文でサポートすれば満点も狙えます。

2 次面接試験　満点突破の極意

(1) パッセージははっきりした声で意味の区切りに注意して音読！

(2)Q1 では指示語や代名詞をそのまま答えず、具体的な内容を当てはめて答える。

(3)Q2 は登場人物の動作と感情を的確に描写し、語いが思いつかないときは、易しい単語で言いかえよう。

(4)Q3、Q4 は自分の意見を理由を 2 つ挙げて論理的に述べましょう。個人的な好みなどはNGです。

さて、面接試験の概要とポイントは押さえられたでしょうか？
これらを踏まえて、模擬問題に進んでみましょう。

模擬テストにチャレンジ！

A Life with Robots

Recently, various kinds of robots have been developed. One type of robot, called a communication robot, can interact with users. Such robots can reduce stress and talk with people as if the robots were their friends or pets. By doing so, they are helpful especially for elderly people who live alone. In the future, those robots will become more and more popular in an aging society.

Questions

No.1 According to the passage, how will communication robots be helpful especially for elderly people who live alone?

No.2 Now, please look at the picture and describe the situation. You have 20 seconds to prepare. Your story should begin with the sentence on the card.
(after 20 seconds)
Please begin.

No.3 Some people say that almost all cars will become self-driving cars in the future. What do you think about it?

No.4 Today, many people use social networking services such as Facebook. Do you think that SNSs have a good effect on people?
Yes → Why? No → Why not?

Your story should begin with this sentence：

One day, Mr. Nakayama was showing an advertisement to his wife.

和訳

ロボットのいる生活

最近、様々な種類のロボットが開発されてきています。その中でコミュニケーションロボットと言われるタイプのロボットは人とやり取りができます。そのようなロボットは人々のストレスを減らし、友達やペットのように話をすることができます。そのようなことができるので、特に独り暮らしのお年寄りの役にも立ちます。将来、コミュニケーションロボットは高齢化社会でますます人気が高まるでしょう。

No.1

According to the passage, how will communication robots be helpful especially for elderly people who live alone?

（パッセージによると、コミュニケーションロボットはどのようにして特に独り暮らしのお年寄りの役に立つのでしょうか。）

合格解答

By reducing their stress and talking with them as if the robots were their friends or pets.

（友達やペットのように話をしたり、ストレスを減らすことに役立つ。）

ポイント

How ～？の質問なので、方法が書かれている部分 “By doing so” がアンサーパート。ただし、極意 (2) で述べたように、指示語を使って答えるとたちまち不合格点に！ “doing so” に当てはまる部分を考えて “reducing their stress and talking with them” と具体的に答えるべし。

単語

☐ interact with：～とやり取りする
☐ as if they were：まるで～のように　☐ an aging society：高齢化社会

No.2

Now, please look at the picture and describe the situation. You have 20 seconds to prepare. Your story should begin with the sentence on the card. ～ after 20 seconds ～ Please begin.

(イラストを見て状況を描写しなさい。20 秒の準備時間があります。ストーリーはカードに書かれている文で始めなさい。 ～20 秒後～ では、始めてください。)

合格解答

1 コマ目

One day, Mr. Nakayama was showing an advertisement to his wife. Mr. Nakayama said to his wife, "Let's go to the newly opened restaurant next weekend."

(ある日、中山さんは妻に広告を見せていました。中山さんは妻に「今度の週末、新しく開店したレストランに行こうよ。」と言いました。)

ポイント

ストーリーを指定された文で始めることと、イラストに描かれている吹き出しの**セリフを誰が誰に言ったのか**を述べます。

単語 □ newly opened：新しく開店した

2 コマ目

The next weekend at the restaurant, a robot cook was busy making food. Mr. and Mrs. Nakayama were thinking of ordering sushi.

(その週末、レストランではロボットのコックが忙しくお料理を作っていました。中山さん夫妻は、お寿司を注文しようと思っていました。)

ポイント

コマ間に書かれたつなぎの言葉、「**その週末レストランで**」を忘れずに言うこと、**ロボットが料理を作っていたこと**と、中山さん夫妻が**お寿司を注文しようとしていたこと**もを述べましょう。

単語

□ busy ～ ing：～するのに忙しい　□ think of ～：～しようと思う

DAY 8

3コマ目

One hour later, the robot stopped working and the restaurant staff was at a loss. Mr. and Mrs. Nakayama had to give up the idea of eating sushi.

（1時間後、そのロボットは壊れてしまい、レストランの店員はどうしてよいのかわからず、とても困っていました。中山さん夫妻はお寿司を食べるのをあきらめました。）

ポイント

コマ間に書かれたつなぎの言葉、「**1時間後**」を言うこと、**ロボットが壊れて店員が困っていること**と、中山さん夫妻が**食べるのをあきらめたこと**を述べましょう。"The robot didn't work and the restaurant staff didn't know what to do."（ロボットは動かなくなり、レストランの店員はどうすればよいのかわからなかった。）などでもOKです。

単語

□ be at a loss：途方に暮れる
□ give up the idea of ～ ing：～しようとするのをあきらめる

No.3

Some people say that all cars will become self-driving cars in the future. What do you think about it?

（将来、全ての車は自動運転車になるという人もいます。このことについてどう思いますか。）

合格解答

賛成

I agree. Self-driving cars will reduce the number of car accidents especially among elderly people in an aging society. Also, they will reduce traffic jams by creating enough distance between cars.

（賛成です。高齢化社会では自動運転車によって特に高齢者による車の事故が減ると思います。また、車間距離を十分にとれるので、渋滞を減らします。）

ポイント

未来予測型の問題です。自動運転車のメリットを考えましょう。高齢化社会と自動車事故は説得力のある強い理由です。次に、機械が人間の代わりに車をコントロールすることから渋滞の緩和が期待されていることを述べています。

反対

I disagree. Self-driving cars are not always safe because of possible failures. Also, it is difficult to decide who is responsible if accidents happen.

（反対です。機械というものは壊れるので自動運転車が必ずしも安全とは言えないからです。また、事故が起きた場合にだれの責任になるのか決めることが難しいです。）

ポイント

自動運転車のデメリットを考えるとよいでしょう。機械に頼りすぎることの危険性や、新しいものに法律や規制が追い付いていないことを挙げると強い理由になりますね。

No.4

Today, many people use social networking services such as Facebook. Do you think that SNSs have a good effect on people?

Yes → Why? No → Why not?

（今日では、たくさんの人がフェイスブックのようなソーシャル・ネットワーキング・サービス（SNS）を利用しています。SNSは人々によい影響を与えると思いますか。
はい→どうして？　いいえ→どうして？）

合格解答

Yes

SNSs allow people to find both old and new friends more easily by sharing information or common interests. Also, SNSs are a good tool for advertisements.

(SNS で情報や共通の趣味から、昔の友人や新しい友達を簡単に捜すことができます。また、SNS は広告を出すのによいです。)

ポイント

すっかり定着した SNS ならではのメリットを 2 つ答える問題です。上記の他には "People can share real-time information"（リアルタイムに情報が得られる）などもありますね。「友人などとすぐに連絡できる」のような答えは、電話など他のメディアでもできることなので、理由としてはちょっと弱くなります。

No

Through SNSs, personal information can be stolen or exposed to the public. Also, SNSs lead people to waste their time.

(SNS で個人情報が盗まれたり公に晒されたりする可能性があります。また、時間の無駄になります。)

ポイント

SNS のデメリットを考えましょう。上記の他には "SNSs encourage cyberbullying because people can easily post negative texts without showing their own names."（SNS は名前を公表せずにネガティブな文を簡単に投稿できるのでネットいじめを助長する。）なども考えられますね。

社会問題についての設問Q3、Q4とエッセイライティングは、どちらも自分の意見を論理的に発信しなければならない点が共通しています。ですから、2級試験対策では、社会問題に対する意見を書くことも話すこともできるように同時進行でトレーニングすると非常に効果的で、1次試験合格後、慌てずに余裕をもって2次試験に臨むことができます。

さて、いかがでしたか。以上で8日間直前対策集中トレーニングは、すべて終了です。これは最後の追い込みとして非常に効果的だと思います。しかし、リスニングにしてもリーディングにしても直前対策では不十分なので、普段の“practice（規則的な実践トレーニング）”が必要です。

それでは、明日に向かって英語力UPの道を―

Let's enjoy the process!
(陽は必ず昇る)

編著者略歴

植田一三（うえだ・いちぞう）

年齢・性別・国籍を超える英悟の超人（Amortal “Transagenderace” Philosophartist）。英語全資格取得・英語教育書ライター養成アスパイア学長。英語（悟）を通して人間力を高める、Let's enjoy the process!（陽は必ず昇る）を理念に、指導歴 40 年で、英検 1 級合格者を 3 千名以上輩出。出版歴 36 年で、著書は英語・中国語・韓国語・日本語学習書と多岐に渡り 130 冊を超え、多くはアジア 5 か国で翻訳。ノースウェスタン大学修士課程、テキサス大学博士課程留学後、同大学で異文化コミュニケーション指導。オックスフォード大学で Social Entrepreneurship コース修了後、NPO 法人「JEFA（国際社会貢献人材教育支援協会）」主宰。リシケシュでインド政府公認ヨガインストラクター資格取得。比較言語哲学者、世界情勢アナリスト、シンガーソングライターダンサー。

著者略歴

岩間琢磨（いわま・たくま）

医学部予備校講師・アスパイア教材スタッフ。英検 1 級、TOEIC® TEST 985 点、国連英検特 A 級取得。英会話教材、法人向け英語研修教材、TOEIC 模擬問題など数多くの英語教材制作を行い、『英検 2 級　8 日間で一気に合格！』『TOEIC® LISTENING AND READING TEST 730 点突破ガイド』『TOEIC® L&R TEST 990 点突破ガイド リーディング編』『TOEIC® L&R TEST 990 点突破ガイド 英文法・語彙編』『英検 2 級ライティング大特訓』などの執筆に携わる。

上田敏子（うえだ・としこ）

鋭い異文化洞察と芸術的感性で新時代の英語教育界をリードするワンダーウーマン。バーミンガム大学翻訳修士（優秀賞）、アスパイア学際的研究 & 英語教育修士（優秀賞）修了後、ケンブリッジ大学、オックスフォード大学で国際関係論コース修了。国連英検特 A 級（優秀賞）、工業英検 1 級（文部科学大臣賞）、ミシガン英検 1 級、観光英検 1 級（優秀賞）、英検 1 級、TOEIC 満点、通訳案内士取得。アスパイア副学長、JEFA[国際社会貢献人材教育支援協会] 副会長であると同時に、アスパイア英検 1 級・国連特 A 級・IELTS 講座講師。著書は 60 冊を超え、代表作は『英検ライティング & 英検面接大特訓シリーズ』、『IELTS & TOEFL iBT 対策シリーズ』、『TOEIC 990 点突破シリーズ』、『英語で説明する日本の文化シリーズ』、『外国人がいちばん知りたい和食のお作法』。

中坂あき子（なかさか・あきこ）

アスパイア英語教育書 & 教材制作・翻訳部門の主力メンバー。英検 1 級取得。トロント大学に留学後、名門府立高校で約 23 年間、英語講師を務める。美学と音楽に造詣が深く、高い芸術性を教材作りとティーチングに活かした新時代のエジュケーショナルアーティスト。主な著書に『スーパーレベル類語使い分けマップ』、『英語ライティング至高のテクニック 36』、『真の英語力を身につける 英文法・語法完全マスター』、『英検 1 級最短合格！リーディング問題完全制覇』、『英検 ® 1 級ライティング大特訓』、『英語の議論を極める本』、『英検 ®1 級完全攻略必須単語 1750』、『Take a Stance』などがある。

英検® 2 級　8 日間で一気に合格！

2024 年 4 月 23 日 初版発行
2024 年 6 月 12 日 第 4 刷発行

編著	植田一三
発行者	石野栄一
発行	明日香出版社
	〒 112-0005 東京都文京区水道 2-11-5
	電話 03-5395-7650
	https://www.asuka-g.co.jp
デザイン	西垂水敦 + 市川さつき（krran）
本文イラスト	ひらのんさ
英文校正	Stephen Boyd
印刷・製本	シナノ印刷株式会社

ISBN978-4-7569-2328-8
C0082

巻末付録

これだけは覚えよう！必須語いグループ120

巻末付録の使い方

巻末付録には、英検２級合格のために必要な単語力を最短で身につけるために、グループで覚えられるフラッシュカードを用意しました。使い方は次の通りです。

① 3 ～ 20 ページまでを、１ページずつ切り離しましょう。
② リストの太い線を切って、１枚ずつのカードにしましょう。
③ 必要に応じて、パンチで穴をあけましょう。（○を目印に）
④ フラッシュカードの完成です！

カードの表には、日本語と空欄のある英語フレーズが書いてあります。
裏には空欄に入るいくつかの単語が書いてあります。

ひとつの日本語に対して、できるだけたくさんの英単語が思い浮かぶように、持ち歩いてトレーニングしましょう！

英検２級でも、問題と選択肢が違う単語で言い換えられることがたくさんありますが、このフラッシュカードは非常に効果的な対策になります。ぜひ活用してくださいね！ Good luck!!

1 ○	彼女の勇気に感動する be (　　) by her courage	8 ○	提案に反対する (　　) the proposal
2 ○	将来のことを心配する be (　　) about the future	9 ○	提案を拒否する (　　) the proposal
3 ○	彼の行為に驚く be (　　) by his action	10 ○	将来を予測する (　　) the future
4 ○	遅れにいら立つ be (　　) by the delay	11 ○	ミスを認める (　　) my mistake
5 ○	それは本当だと思う (　　) that it is true	12 ○	気持ちを言い伝える (　　) my feelings
6 ○	政策に賛成する (　　) the policy	13 ○	質問に答える (　　) to the question
7 ○	それは重要であると主張する (　　) that it is important	14 ○	彼が試合に参加するように提案する (　　) that he participate in the game

(be opposed to, object to, disagree with) the proposal	8 ○	be (impressed, moved, touched) by her courage	1 ○
(refuse, reject, turn down) the proposal	9 ○	be (anxious, nervous, worried, concerned) about the future	2 ○
(predict, forecast, anticipate) the future	10 ○	be (surprised, amazed, astonished) by his action	3 ○
(admit, recognize, acknowledge) my mistake	11 ○	be (annoyed, irritated, offended) by the delay	4 ○
(express, convey, communicate) my feelings	12 ○	(assume, suppose, suspect) that it is true	5 ○
(respond, react, reply) to the question	13 ○	(agree with, support, approve) the policy	6 ○
(recommend, suggest, propose) that he participate in the game	14 ○	(assert, maintain, mention, state, argue, claim, insist, declare) that it is important	7 ○

15	○	知識を増やす (　　) my knowledge	22	○	制度を廃止する (　　) the system
16	○	負担を減らす (　　) the burden	23	○	公共の場所での喫煙を禁止する (　　) smoking in public places
17	○	動きを抑制する (　　) the movement	24	○	関係を損なう (　　) the relationship
18	○	旅行を延期する (　　) the trip	25	○	街を滅ぼす (　　) the town
19	○	発展を助長する (　　) the development	26	○	彼らから仕事の機会を奪う (　　) them of job opportunities
20	○	容量を超える (　　) the capacity	27	○	計画を阻む (　　) the plan
21	○	知識を得る (　　) knowledge	28	○	女性に失礼なことを言って気分を害する (　　) the woman

(abolish, cancel, do away with) the system	22 ○	(increase, expand, extend, enlarge) my knowledge	15 ○
(ban, prohibit) smoking in public places	23 ○	(decrease, reduce, relieve, lower) the burden	16 ○
(damage, harm, spoil, injure) the relationship	24 ○	(control, limit, restrict, restrain) the movement	17 ○
(destroy, ruin, eliminate) the town	25 ○	(postpone, delay, put off) the trip	18 ○
(deprive, rob) them of job opportunities	26 ○	(encourage, promote, enhance) the development	19 ○
(prevent, disturb, block, interrupt) the plan	27 ○	(exceed, transcend, surpass) the capacity	20 ○
(insult, offend, give offence to, be rude to) the woman	28 ○	(gain, acquire, obtain) knowledge	21 ○

29 ○	敵を打ち負かす (　　) the enemy	36 ○	目標を達成する (　　) my goal
30 ○	犯罪の罪に問われる be (　　) the crime	37 ○	目標を達成しようと頑張る (　　) to achieve my goal
31 ○	商品を生み出す (　　) a product	38 ○	ショックを乗り越える (　　) the shock
32 ○	ガスを放出する (　　) gas	39 ○	助けてくれるように彼を説得する (　　) him to help me
33 ○	会社を設立する (　　) a company	40 ○	法律を守る (　　) the law
34 ○	キャンペーンを始める (　　) a campaign	41 ○	レポートを提出する (　　) a report
35 ○	仕事に献身する (　　) oneself to my work	42 ○	関係を良くする (　　) the relationship

(achieve, accomplish, fulfill, realize) my goal	36 ○	(defeat, conquer, overcome, beat) the enemy	29 ○
(make an effort, endeavor, strive, struggle) to achieve my goal	37 ○	be (blamed for, accused of, charged with) the crime	30 ○
(overcome, get over, recover from) the shock	38 ○	(produce, generate, manufacture, invent) a product	31 ○
(persuade, convince) him to help me	39 ○	(discharge, release, give off) gas	32 ○
(obey, observe, stick to, adhere to, cling to) the law	40 ○	(found, establish, set up) a company	33 ○
(submit, turn in, hand in) a report	41 ○	(launch, start, commence) a campaign	34 ○
(improve, develop, promote, enhance) the relationship	42 ○	(devote, dedicate, commit) oneself to my work	35 ○

43	○	法律を改正する (　　) the law	50	○	日取りを決める (　　) the date
44	○	自然を守る (　　) nature	51	○	犯罪を暴露する (　　) the crime
45	○	車を修理する (　　) the car	52	○	違いに気づく (　　) the difference
46	○	傷を治療する (　　) the wound	53	○	費用を見積もる (　　) the cost
47	○	新しい環境に順応する (　　) to the new environment	54	○	損傷を含む (　　) the damage
48	○	犯罪現場を調査する (　　) the crime scene	55	○	私の友達に似ている (　　) my friend
49	○	ポイントを示す［証明する］ (　　) the point	56	○	都会にある (　　) in urban areas

(set, fix, determine, decide(on)) the date	50 ○	(revise, modify, alter) the law	43 ○
(expose, reveal, disclose) the crime	51 ○	(protect, preserve, conserve, defend) nature	44 ○
(see, notice, perceive, detect, recognize, identify) the difference	52 ○	(repair, mend, fix) the car	45 ○
(evaluate, estimate) the cost	53 ○	(heal, treat, cure) the wound	46 ○
(contain, include, involve) the damage	54 ○	(adjust, adapt) to the new environment	47 ○
(be similar to, resemble) my friend	55 ○	(investigate, examine, inspect, survey, explore) the crime scene	48 ○
(be located[situated], exist) in urban areas	56 ○	(indicate, reveal, suggest, demonstrate, illustrate, prove) the point	49 ○

57 ○	世界を支配する (　　) the world	64 ○	先端技術を用いる (　　) advanced technologies
58 ○	ユーモアのセンスがある (　　) a sense of humor	65 ○	知らせにワクワクする be (　　) with the news
59 ○	仕事をやめる (　　) my job	66 ○	おもしろい話 (　　) story
60 ○	彼らに食料を提供する (　　) food for them	67 ○	落ち込んだ［哀れな］表情 (　　) expression
61 ○	そのお金を要求する (　　) the money	68 ○	不当な扱いに怒る be (　　) about the unfair treatment
62 ○	失礼を許してください。 (　　) my manners.	69 ○	疑いの目つき (　　) look
63 ○	テーブルを予約する (　　) a table	70 ○	熱心な生徒 (　　) student

(utilize, employ) advanced technology	64 ○	(dominate, rule, govern) the world	57 ○
be (delighted, excited, thrilled) with the news	65 ○	(have, possess, be born[gifted] with) a sense of humor	58 ○
(entertaining, exciting, amusing, thrilling) story	66 ○	(quit, retire from, resign from) my job	59 ○
(depressed, disappointed, discouraged, sorrowful, miserable) expression	67 ○	(provide, supply, offer) food for them	60 ○
be (upset, furious, angry) about the unfair treatment	68 ○	(demand, require, claim, request) the money	61 ○
(suspicious, doubtful) look	69 ○	(Forgive, Pardon, Excuse) my manners.	62 ○
(enthusiastic, passionate, eager, earnest, diligent) student	70 ○	(reserve, book, arrange for) a table	63 ○

71 ○	勇敢な戦士 (　　) fighter	78 ○	ひどい犯罪 (　　) crime
72 ○	細い体 (　　) body	79 ○	厳しい罰 (　　) punishment
73 ○	注意深い運転手 (　　) driver	80 ○	激しい痛み (　　) pain
74 ○	有能な社員 (　　) worker	81 ○	骨の折れる仕事 (　　) job
75 ○	忠実な信奉者 (　　) followers	82 ○	乏しい資源 (　　) resources
76 ○	思いやりのある支持者 (　　) supporter	83 ○	多大な被害 (　　) damage
77 ○	適量 (　　) amount	84 ○	激増 (　　) increase

(evil, wicked, awful, disgusting, horrible, terrible) crime	78 ○	(brave, bold, courageous, fearless) fighter	71 ○
(severe, harsh, cruel, brutal, merciless, strict, savage) punishment	79 ○	(slender, slim, thin) body	72 ○
(acute, intense, violent, keen, fierce) pain	80 ○	(careful, cautious, alert) driver	73 ○
(exhausting, challenging, tiring) job	81 ○	(efficient, competent, capable, able) worker	74 ○
(scarce, limited, scanty) resources	82 ○	(faithful, loyal, devoted, dedicated, committed) followers	75 ○
(enormous, tremendous, immense, huge, extensive, extreme, acute, extraordinary) damage	83 ○	(generous, considerate, affectionate, thoughtful, sympathetic) supporter	76 ○
(sharp, dramatic, significant, remarkable, considerable) increase	84 ○	(proper, adequate, appropriate) amount	77 ○

85	○	現在のテクノロジー	(　　) technology
86	○	旧住所	my (　　) address
87	○	起こりうる危険	(　　) danger
88	○	必ず問題を引き起こす	(　　) cause problems
89	○	わが社にとってプラスになる	(　　) to our company
90	○	価値ある情報	(　　) information
91	○	素早い反応	(　　) response
92	○	正確なデータ	(　　) data
93	○	素晴らしいパフォーマンス	(　　) performance
94	○	重要な役割を果たす	play a(n) (　　) role
95	○	明白な理由	(　　) reason
96	○	穏やかな湖	(　　) lake
97	○	凝り固まった制度	(　　) system
98	○	あいまいな発言	(　　) statement

(accurate, exact, correct, precise) data	92 ○	(current, present, contemporary) technology	85 ○
(impressive, spectacular, outstanding, marvelous, fascinating, amazing) performance	93 ○	my (previous, former) address	86 ○
play a(n) (vital, important, critical, crucial, significant) role	94 ○	(potential, possible, likely) danger	87 ○
(clear, apparent, obvious) reason	95 ○	(definitely, certainly) cause problems	88 ○
(calm, serene, tranquil) lake	96 ○	(beneficial, favorable, helpful, advantageous) to our company	89 ○
(rigid, inflexible, stubborn) system	97 ○	(precious, valuable, priceless) information	90 ○
(vague, ambiguous, obscure, unclear) statement	98 ○	(rapid, prompt, swift) response	91 ○

99 ○	変わった性格 (　　) character	106 ○	両者の違い (　　) between the two
100 ○	馬鹿げた考え (　　) idea	107 ○	経済的困難 economic (　　)
101 ○	有害なガス (　　) gases	108 ○	高い給料を得る receive a high (　　)
102 ○	不安定な地位 an (　　) position	109 ○	経済に大きな影響を与える have a great (　　) on the economy
103 ○	競争相手と戦う fight with one's (　　)	110 ○	知的能力 mental (　　)
104 ○	仕事仲間 my business (　　)	111 ○	仕事と家庭との関係 (　　) between work and family
105 ○	資金不足 (　　) of funds	112 ○	その商品の独特の特徴 unique (　　) of the product

(differences, gaps, distinctions) between the two	106 ○	(peculiar, unusual, strange, eccentric) character	99 ○
economic (hardship, difficulty, trouble, crisis)	107 ○	(ridiculous, absurd, foolish, silly) idea	100 ○
receive a high (pay, salary, wage, income)	108 ○	(harmful, poisonous, toxic) gases	101 ○
have a great(influence, effect, impact) on the economy	109 ○	an (unstable, insecure) position	102 ○
mental (ability, capacity, faculty, capability)	110 ○	fight with one's (opponent, rival, competitor)	103 ○
(relation, relationship, connection, association) between work and family	111 ○	my business (colleague, coworker, partner)	104 ○
unique (features, characteristics, qualities) of the product	112 ○	(shortage, lack, scarcity) of funds	105 ○

113 ○	社会的状況 social (　　)		120 ○	その問題に取り組む (　　) the problem
114 ○	戦争の結果 the (　　) of the war			
115 ○	餓死する die from (　　)			
116 ○	悲しみに打ちひしがれる suffer from (　　)			
117 ○	仕事に集中する (　　) my work			
118 ○	仕事を変える change my (　　)			
119 ○	空気を汚染する (　　) the air			

113	social (situations, conditions, circumstances)	○
114	the (consequence, result, outcome) of the war	○
115	die from (starvation, famine)	○
116	suffer from (grief, agony, despair, sorrow, misery)	○
117	(concentrate on, focus on) one's work	○
118	change my (occupation, profession, career)	○
119	(pollute, corrupt) the air	○
120	(manage, handle, deal with) the problem	○